「菜根譚」の教えに学ぶ

労働組合役員の心得集

石原康則

公益財団法人
富士社会教育センター

はじめに

経営の対象は物やサービスであるが、労働組合運動の対象は人間である。人間を対象とする労働組合の指導者（とくに若い世代の労組役員）には、人生訓を説いたこの書の教えに触れてほしいとの思いを込めて、菜根譚を紹介することにしたものである。

菜根譚は中国、明代の処世哲学書で、洪自誠の書である。儒教思想を中心に、仏教、道教思想を加味した処世訓で、日本には江戸時代に伝来し、広く愛読された。

菜根譚の菜根は、宋の汪信民の語に「人よく菜根を咬みえば、則ち百事なすべし」とあるのに基づいたもので、「菜根は堅くて筋が多いので、これをよく咬みうるのは、ものの真の味を味わいうる人物である」ということを意味する。また、「菜根という語には貧困な暮らしというひびきがあるので、その貧苦の生活に十分耐えうる人物であってこそ、初めて人生百般の

事業を達成できる」のだという。（岩波文庫「菜根譚」解説より抜粋）

したがって、労働組合の指導者として、組合活動を担う労組役員にとっても、この菜根譚は多くの示唆に富む有益な書であり、学ぶべきところは多いはずだ。また高邁な哲理の「論語」とは違って、極めて平易で現実的であり、それ故、説得力を持っている。

進歩的であるべき労働組合運動の世界に、儒教思想や仏教思想を持ち込むことへの抵抗感を訴える向きもあろうが、ようは人間を対象とする労働運動であるから、参考とすべきところを抽出していただければと思う。

また、労働組合運動が誕生するはるか前に綴られた書を、労働組合運動の世界に置き換えて語ったものであるから、随所に個人的主観が織り込まれており、かつ不勉強のために誤った解釈や牽強付会な論を展開している。ただただ、労働組合役員に菜根譚の教えについて、少しでも触れてもらいたいとの思いからであり、お許しいただきたい。

また、労働組合運動の方法論を述べたものではなく、あくまで心得集である。よって人生観の違いによる異論も反論もあろうが、人文科学と違って、いろいろの視点や見方、考え方があっていいとの思いであり、心広く受け止めていただければ菜根譚の教えにも沿うというものである。

菜根譚には誠に味わいがある。読めば読むほど、噛み締めれば噛み締めるほど、その味わいが深まる。

お節介なことながら、私の人生そのものである職場における労働組合運動の、今後を担ってくれる若い活動家に、ぜひこの菜根譚を噛んで噛んで噛み締めてもらいたい。そしてその中から、ただ一点の気付きやひらめきを得ていただければ、それで私は十分満足である。私が当時、大先輩から薫陶いただいたひとつを次の世代に伝えるという、この語り部としての役割を果たすことができれば、それだけで真に十分なのである。

目　次

【引用図書】

岩波文庫（32-023-1）

「菜根譚」（今井宇三郎訳注　一九八九年六月十五日第二十五版）

発行：株式会社 岩波書店

1 組合役員は真実・真理に歩む

組合役員は、組合員の代表としてふさわしい人格を備えてほしい。組合組織や組合員の利益を省みるよりも、己の利益を求めるものであってはならないし、人をごまかしたり、他人を欺いて保身をはかるようではいけない。貴重な組合費を浪費してはいけないし、流用するなどといった罪を犯してはならない。組合役員には日々厳しく自分を律することが求められるのだ。真実にしてまじめに努めれば、ときに不遇に陥ったり、寂しい境遇となることがある。世渡りうまく立ち回る者が高い地位に就いたり、高い報酬を得るのをみると、正直者がバカを見るといったように、何とも割り切れぬ思いを抱くこともあろう。しかし、ここでくじけてはならない。どんなにばからしくてやり切れなくても、組合役員は誠意をもって奉仕・貢献する心が大切であり、真実・真理に忠実に歩むことが求められるのである。

組合役員なる者は、一時的に不遇であっても、寂しい境遇に陥ったとしても、決して嘆いてはならない。

故事曰く、「道徳に棲守《せいしゅ》する者は、一時に寂寞《せきばく》たり。権勢に依阿《いあ》する者は、万古《ばんこ》に凄涼《せいりょう》たり。達人は物外の物《ぶつ》を観《み》、身後の身《しん》を思う。寧《むし》ろ一時の寂寞を受くるも、万古の凄涼を取ることなかれ」〈前集1〉

【訳文】人生に処して、真理をすみかとして守り抜く者は、往々、一時的に不遇で寂しい境遇に陥ることがある。（これに反し）、権勢におもねりへつらう者は、一時的には栄達するが、結局は、永遠に寂しくいたましい。達人は常に世俗を越えて真実なるものを見つめ、死後の生命に思いを致す。そこで人間としては、むしろ一時的に不遇で寂しい境遇に陥っても真理を守り抜くべきであって、永遠に寂しくいたましい権勢におもねる態度を取るべきではない。

2　権謀術数にたけるな

組合役員を長く務めると、この世界の甘いもすっぱいも知るところとなる。また協議・交渉といった正規の表舞台だけではなく、調整や折衝といった世界のあることに気付き始める。経験浅い人は真っ向から直球勝負を挑むが、経験の長い組合役員となれば要領を得たり、ツボを心得ることになる。経験を積むと事の本質がより早く正確に見えることから、問題や課題に対する認識にもたけて、手の打ちようも早く、その手法も老練となる。一方で、就任期間が長くなれば、正攻法で攻めるよりは変化球が多くもなる。策略やからくりといったものを駆使することにもなる。組織を維持したり、労使交渉を有利に進める場合、経験則とか、かつての体験が大いに威力を発揮することもあれば、それが逆に障害となることもある。

したがって組合役員なる者は、いかに経験を積んでも権謀術数にたけるといったり、策におぼれるといった危険を犯すよりは、素直に真正面から向かっていくのがよい。

故事曰く、「世を渉《わた》ること浅ければ、点染《てんせん》もまた浅し。事を歴《ふ》ること深ければ、機械もまた深し。故に君子は、その練達《れんたつ》ならんよりは、朴魯《ぼくろ》なるに若《し》かず。その曲謹《きょくきん》ならんよりは、疎狂《そきょう》なるに若《し》かず」〈前集2〉

【訳文】処世の経験がまだ浅いと、世俗の悪習に染まることもまた浅いが、経験が深くなるにつれて、世の中のからくりに通じることもまた深くなる。それ故に、君子たる者は、世事に練達になるよりは、むしろ飾り気がなく気が利かない方がよい。そして礼節の末にこだわりていねいすぎるよりは、むしろ粗略で志のある方がよい。

3　心は公明正大にして才能はさらけ出さず

組合役員は心を広くして、何事にも開放的でなければならない。もちろん職務や役職故に知り得た秘密情報がありすべてに開示していいということにはならないが、情報を隠匿する秘密主義では仲間の信頼を欠くことになる。それぞれの情報を、組織のメンバーが共有化してこそチームワークは発揮されるということを心しておかなければならない。特に組織のリーダーであれば、その思いや方針を正確にメンバーに伝えておかなければならない。思いや方針が示されないのは、羅針盤を失った船や艦と同じである。逆に才能をいくら有していても、それを求められもしていないのに、さらけ出すようなことをしてはならない。さらけ出せば、はなもちならぬやつということになるし、知ったかぶりすれば嫌なやつだと敬遠されることになる。組合役員なる者は心はオープンにして、しかし才能はさらけ出さずにしまっておくのがよいのだ。

故事曰く、「君子の心事は、天青く日白く、人をして知らざらしむべからず。君子の才華《さいか》は、玉韞《たまつつ》み珠蔵《たまかく》し、人をして知り易《やす》からしむべからず」〈前集3〉

【訳文】君子の心ばえは、青天白日のように公明正大にして、常に人にわからないところがないようにさせねばならぬ。然し才智の方は、珠玉のように大切に包みかくして、常に人にわかりやすいようにしてはならない。

4 耳に痛いことを聞く

組合役員は組合員から選出されたリーダーであるが、組合員からは尊敬されるときもあれば批判の的となるときもある。これは組合役員の宿命であり甘受しなければならないことである。当然、批判にさらされれば面白くないし怒りたくもなる。しかし批判に耳を傾けたり、きびしい忠告に聞く耳を持てば、組合役員としてだけではなく、ひとりの人間としての成長や人格形成につながるものである。

逆に耳に心地よいだけの言葉や心を満足させるだけの言葉は、人格を阻害することはあっても、その人の益にはならない。心地よいだけで慢心すれば、組合役員として成長するどころか失敗を招く。

そこで組合役員なる者は、耳に痛くとも、また耳ざわりであったとしても、その忠告やアドバイスを肥やしとして人格形成の糧としなければならない。

故事曰く、「耳中、常に耳に逆《さから》うの言を聞き、心中、常に心に払《もと》るの事ありて、纔《わずか》に是れ徳に進み行を修むるの砥石《しせき》なり。若《も》し言々耳を悦ばし、事々心に快《こころよ》ければ、便《すなわ》ち此の生を把《と》って鴆毒《ちんどく》の中に埋在《まいざい》せん」〈前集5〉

【訳文】人間は平素、常に耳には聞きづらい忠言を聞き、常に心には思い通りにならなぬことがあって、それでこそ徳に進み行を修めるための砥石《といし》となる。（これと反対に）、もしどの言葉も耳を喜ばせ、すべての事が心を満足させるようであっては、それではこの人生を鴆毒の中に埋め沈めてしまうことになる。

5　一歩を譲り三分を分け与える

組合役員は、その任務や職務の特性もあってか、芯が強く、負けず嫌いで、何事にも積極的な人が多そうである。悪くいえば強引であったり、我が強かったり、自分の非を認めようとはしない、そういうタイプである。このような性格が災いして、ときに対立したりクリンチとなることも多いが、このように調整が難航したような場合には相手に一歩譲る心が大切である。先を争って互いの心に傷を残すよりも、相手を先に行かせて、自らは一歩あとを歩むという気持ちがほしい。この一歩を譲ることが、後に一歩を進めることになるのだ。

また、時にはチャンスが訪れたり、魅力ある役目といったものが回ってくることがある。しかし、このようなときにもそれを自らが独占したり、先を争って手に入れようとしてはいけない。いいチャンスが巡ってくれば、まずは仲間や同僚にそのチャンスを与える心掛けがほしい。一人占めをするとせこい奴だ、などというありがたくない汚名をいただくことになるし、悪評に見舞われることを覚悟しなければならない。

よって組合役員なる者は、一歩を譲るという広い心とともに、分け与えるといった配慮や目配りする度量が必要なのだ。

故事曰く、「径路の窄《せま》き処は、一歩を留めて人の行くに与え、滋味の濃《こま》やかなる的《もの》は、三分《ぶ》を減じて人の嗜《たしな》むに譲る。これは是れ世を渉《わた》る一の極安楽の法なり」〈前集13〉

【訳文】狭い小みちのところでは、まず自分が一歩よけて、相手を先に行かせてやり、またおいしい食べ物は、自分のを三分がたへらして、相手に譲り充分に食べさせてやる。一歩を譲り三分をへらして与えるという、このような心がけこそ、世渡りの一つの極めて安楽な方法である。

6　分相応にわきまえて行動する

組合指導者となった者は、恩恵といったものには慎重でなければならない。たとえ常識的な恩恵であっても、先を争ったり、他人を押しのけて手に入れようとしてはならないし、その恩恵は分相応な身の丈にあったものでなければならない。その恩恵なるものが過重な物であるならば断固として、辞退するべきである。

逆に人に施すときは躊躇してはいけない。たとえ他人が尻ごみしても進んで行う心掛けが必要であるし、その行動もケチったり惜しんではならない。

組合役員なる者は、恩恵に対してはより慎重に対応する必要があるし、抑制的であってこそちょうどいいが、社会に対する貢献やボランティアといった他人への施しについては、より積極的に行うべきであるし、能動的に行動すべきであり、その活動や行動も渋ったり消極的な態度であってはならない。

故事曰く、「寵利《ちょうり》は人前《じんぜん》に居ることなかれ、徳業は人後に落つることなかれ。受享《じゅきょう》は分外に踰《こ》ゆることなかれ、修為《しゅうい》は分中に減ずることなかれ」〈前集16〉

【訳文】人から受ける恩恵は控えめにして、他人より先に取ろうとしてはならない。しかし人のためになる徳業は進んで行ない、他人に遅れを取ってはならない。また、人から受け取る物は、もらうべきであっても分相応を越えてはならない。しかし自分のなすべき行為は、分相応をへらすことなく、より以上に努力しなければならない。

7　成果は独占せず、責任は押しつけず

労働組合活動は執行委員会がその運動を司るが、その活動において高い評価を得た場合、自分自身が中心となって担当したとしても、その成果を独占してはならない。また、イベントや取り組みを成功させたとき、その手柄を一人占めしてはならない。執行委員や多くの組合員の協力や支援があったからこそ、達成できたのであり感謝しなければならない。組合活動

において、ある個人が失敗したり批判を浴びるようなことがあったとしても、その個人を攻撃したり責めてはならない。執行委員会の一員である自分自身にもその責任があることを自覚すべきだ。

組合役員なる者は、成果や功労を独占するようなことをしてはならないし、逆に責任を押しつけたり、批判や中傷の集中砲火を浴びせるようなことはご法度なのだ。

故事曰く、「完名美節《かんめいびせつ》は、宜《よろ》しく独り任ずべからず。些《いささ》かを分《わか》って人に与うれば、以て害を遠ざけ身を全うすべし。辱行汚名《じょくこうおめい》は、宜しく全く推すべからず。些《いささ》かを引いて己《おのれ》に帰すれば、以て光を韜《つつ》み徳を養うべし」〈前集19〉

【訳文】完全無欠な名誉や節義などは、自分だけで独占してはならない。（たとえそうであっても）すこしは人にも分かち与えるようにすれば、危害を遠ざけ無難に身を終えることができる。（これに反して）、恥しく汚れた行為や評判なども、すべて人の責任に推しつけてはならない。（たとえそうであっても）、すこしは自分にも引きかぶるようにすれば、外には才能の光をつつみ、内には道徳を養うことができる。

8　静の境地での躍動

労働組合役員はどちらかといえば動のタイプが多いようである。労働組合は大衆運動であり、積極的で行動的な人が求められるからだ。常日ごろから何事にも消極的で、会議でも寡黙で沈黙を守っているようでは、労働組合役員としてはやや心配である。だからといって、単に好んで動き回るだけの人が適任であるかといえば、そうとも限らない。大切なことは境地としては静ではあるが、行動は洗練されていてハツラツとした無駄のない動きをすることである。

組合役員なる者は、はねているとか、とんでいるといわれるような軽薄で思料のない動きをしてはならないし、逆に動きが遅いとか、行動に元気がない、などとも指摘されたくはないのである。

故事曰く、「動を好む者は、雲電風燈、寂《じゃく》を嗜《たしな》む者は、死灰槁木《しかいこうぼく》なり。須《すべか》らく定雲《ていうん》止水の中《うち》に、鳶《とび》飛び魚《うお》躍るの気象あるべくして、纔《わずか》に是れ有道の心体なり」〈前集22〉

【訳文】活動を好む者は、雲間に光る電光や風にゆらぐ燈火のように、あまりにも動にすぎるし、静寂を愛する者は、火の消えた灰や立ち枯れの木のように、あまりにも静にすぎる。人間としては動かぬ雲や流れない水のような静かな境地にあって、しかも鳶が飛び魚が躍るような溌剌たるようすがあってこそ、それで初めて真に道を習得した人の心ばえであるとされる。

9 人を指導するには程度あり

組合役員となって人を指導する場合、むやみやたらに叱ってはならない。過ちは厳しくとがめなければならないが、厳しくといえども程度があるというもの。厳し過ぎて反発を買うことになれば、元も子もない。

人を教える場合も、レベルが高すぎてはならない。レベルが高すぎると、関心も興味もなくしてしまって、あきらめられてしまうというもの。相手の力量をよく推し量って指導しなければ効果を期待できない。

組合役員なる者は、人を叱ったり教える場合、相手を見極めるなかで、その程度というものをわきまえる必要がある。

故事曰く、「人の悪を攻むるは、太《はなは》だ厳なることなかれ。その受くるに堪えんことを思うを要す。人を教うるに善を以てするは、高きに過ぐることなかれ、当《まさ》にそれをして従うべからしむべし」〈前集23〉

【訳文】他人の悪を責めて善に向かわせようとするとき、あまり厳しすぎてはならない。その人が、それを受け入れられるかどうかの程度を考える必要がある。また、人を教えて善をさせようとするとき、あまり高すぎてはならない。その人が、それを実行することができるかどうかの程度を考えて、実行できるようにしなければならない。

10　醜いものこそ光輝く

労働は過酷であり、厳しく、つらいものである。時に汚い労働もある。かつて労働は地獄であるとして、女工哀史や蟹工船などの小説を生んだ。しかし、だからといって労働が悪であるかといえばそうではない。労働によって生みだされる製品やサービスは、社会の発展に欠かせないし、労働の対価として支払われる賃金は、勤労者の生活を向上させ豊かにする。また今日の労働は、労働を通じて能力を高め、やりがいや働きがいを醸成する。

人間は醜い側面を持つ。しかし人間は醜いからといって、人間が悪であるとはいえない。このように、何事も、汚いとか醜いからといって悪であるとはいえず、醜いものこそ光輝いたり光彩を放つものなのである。

故事曰く、「糞虫《ふんちゅう》は至穢《しわい》なるも、変じて蝉《せみ》となりて露を秋風に飲む。腐草《ふそう》は光なきも、化して蛍《ほたる》となりて采《さい》を夏月に耀かす。固《まこと》に知る、潔は常に汚より出で、明は毎《つね》に晦より生ずるを」〈前集24〉

【訳文】糞土に生ずるうじ虫は、きわめて穢いものではあるが、後に変じて蝉になり、白露を飲みつつ秋風によい声で吟ずるようになる。また、腐草はもと光がないが、後に化して蛍になり、夏の夜に美しい光彩を輝かすようになる。これによっても、なるほど、潔いものは常に汚れたものの中から生まれ出るし、光輝くものは常に暗やみの中から生まれ出るということがわかる。

11　権威主義と打算的態度は捨てる

労働組合役員になったからといって、途端に威張ったり偉ぶってはならない。組合役員として職責は確かに重くなったわけではあるが、だからといって自分自身の価値まで重くなったわけではない。また、会社幹部と組合役員は対等だといって豪語する組合役員がいるが、労使関係が対等であることと、会社幹部との人間関係において対等であることとは違う。労使関係を離れても、対等であるといった態度は礼を失するものである。

また、組合役員であることの利害について、その得失を計算する人がいるが、このような組合役員は誠に醜く、どんなに優秀な役員であっても組合リーダーとしては失格である。

組合役員なる者は、権威を振りかざしたり、強権でもって弾圧するような態度をとるべきではないし、組合役員であることの損得などを計算するような打算的態度をとるべきではない。

故事曰く、「矜高倨傲《きょうこうきょごう》は、客気《かっき》にあらざるはなし。客気を降伏し得下《えくだ》して、而《しか》る後に正気は伸ぶ。情欲意識は、尽《ことごと》く妄心に属す。妄心を消殺し得尽《えつく》して、而る後に真心《しんしん》は現わる」〈前集25〉

【訳文】誇り高ぶったり、他を見くだして威張ったりするのは、すべて勝心客気の仕業でないものはない。この空元気をすっかり押えつけてしまうことができて、そこで初めて真の元気が伸びてくる。愛憎や欲望、利害打算の知恵などは、すべて妄心の仕業である。この妄心をすっかり消滅させてしまうことができて、そこで初めて真心が現れてくる。

12 人目につかないからといって、ごまかしてはならない

組織をリードする組合役員は、いつも清く美しくなければならない。指導者が悪事を働いたり、道徳に反する行為を行えば、指導者として失格である。特に組織が大きくなれば大きいほど他人の目から届かぬ領域が多くなるし、また役職が上位にいけばいくほど大衆や職場からの死角は大きく

なるものである。しかし、誰も見ていなくても、誰も知りえないということであっても、当たり前のことながら悪事や反道徳的行為を犯してはならない。このような行為を犯せば、単に指導者としてだけではなく、人間として失格の烙印を押されることになる。また、罪は必ず露見する。いつまでも隠し通せるものではないことを知るべきだ。

組合役員なる者は、不祥事で失墜したり、罪を犯して社会的制裁を受けないように、日々身を正しておかなければならないが、特にそのためには人目につかない所こそ用心すべきなのだ。

故事曰く、「肝《かん》、病を受くれば則ち目視《み》ること能わず、腎《じん》、病を受くれば則ち耳聴《き》くこと能わず。病は人の見ざるところに受けて、必ず人の共に見るところに発す。故に君子は罪を昭々に得ることなきを欲せば、先ず罪を冥々に得ることなかれ」〈前集48〉

【訳文】肝臓を病むと目が見えなくなり、腎臓を病むと耳が聞こえなくなる。このように、病というものは、まず人に見えない体の内部に起こって、やがて必ず誰にでも見える体の外部に現われてくるものである。それ故に君子たるものは、人目につくところで罪を得ないようにしたいと思ったら、まず人目につかないところで罪を得ないように心掛けるべきである。

13 苦労のなかに喜びを覚える

労働組合活動を推進する立場となると、多くの苦労や苦難に出会うこととなる。組合員一人を動かすということでも、なかなか指示には従ってくれない。会社にあっては業務命令で動くが、残念ながら組合活動は大衆運動であることから、業務命令は通用しない。よって途端に苦労を背負うことになる。また、会社との交渉においても、組合員の期待を担って交渉するのだが、会社の対応もそう甘くはなく、交渉も行き詰まったり暗礁に乗り上げることもある。大きな事業構造改革などを労使協議するということになれば、会社経営を左右する協議となるし、組合員の人生を懸けた協議となるから苦労の度も極端に違う。しかし、苦労が多いと達成感は大きい。汗を流せば流したほど、障害が大きければ大きいほど、やり遂げた感激や充実感は実に大きいものである。

そこで組合役員なる者は、苦労を嘆いてはいけない。苦労あって、実はその苦労にどっぷり浸かっているからこそ、そこに喜びがあるのだ。ただし、課題を達成して充実感や満足感を実感しているとき、そこに喜びがあるかといえば、すでにそのときには次の苦難や苦労が起こっているということを、また覚悟しなければならない。

故事曰く、「苦心の中《うち》に、常に心を悦ばしむるの趣《おもむき》を得《う》。得意の時に、便《すなわ》ち失意の悲しみを生ず」〈前集58〉

【訳文】一所懸命に苦心している中に、とかく心を喜ばすことがあるものだ。（これに反し）、望みをとげた得意のときに、すぐもう、ままならぬ悲しみが生じてくるものだ。

14 職場に根ざす活動は発展・継続する

労働組合役員は職場に根ざした活動を忘れてはならない。職場から遊離した活動では、論理先行で頭でっかちの魅力に乏しい活動になってしまう。活動内容を企画したり立案するときも、職場の声に耳を傾けなければならない。職場の意向を無視した方針や企画は、執行部の独りよがりの方針となってしまい、運動や活動を発展させる推進力にはなりにくいものである。しっかりと職場組合員の支持や信頼を得た活動は、大きく発展・前進するし、継続するものである。

組合役員なる者は、職場から遊離した活動は職場組合員の理解や支持を得られず、その運動は継続しないし大きく花開くことはないということを心して、日々の活動に邁進することが大切である。

故事曰く、「富貴名誉の、道徳より来たるものは、山林中の花の如し。自《おのず》からこれ舒除《じょじょ》繁衍《はんえん》す。功業より来たるものは、盆檻《ぼんかん》中の花の如し。便《すなわ》ち遷徙《せんし》廃興あり。若《も》し権力を以て得るものは、瓶鉢《へいはつ》中の花の如し。その根植えざれば、その萎《しぼ》むこと立ちて待つべし」〈前集59〉

【訳文】富貴や名誉も、徳望によって得たものは、たとえば自然の野山に咲く花のようで、ひとりでに枝葉が伸び広がり十分に茂ってゆくものである。（これに対して）、事業の功績によって得たものは、たとえば人工の鉢植えや花壇の花のようで、移しかえたり、捨てたりまた植えたりされるものである。もし権力によって得たものであれば、たとえば花瓶に差した切り花のようで、その根がないのだから、しぼむのはたちどころの間である。

15　軽率な発言よりは沈黙がいい

組合役員は語ったり述べたりする機会が多い。きちっと説明したり論議に加わることは大切なことであるが、気軽に漏らした一言が、問題となって尾を引くこともある。政治家ほどでないにしてもその一言が命取りになることだってある。あとで追及されたり、弁明を求められることだってある。発言にはくれぐれも慎重でなければならない。軽はずみで軽率な約束が、それを果たせず不信をかったり、余分な一言が相手を傷つけることだってある。

組合役員なるものは、余分な一言が取り返しのつかない事態を巻き起こす恐れのあることに十分注意して、能弁や多弁よりは、むしろ寡黙で沈黙を守るぐらいの方がちょうどいいぐらいの心持ちでいたいものである。

故事曰く、「十の語九中《あた》るも、未《いま》だ必ずしも奇と称せず。一語中らざれば、則ち愆尤《けんゆう》駢《なら》び集まる。十の謀《ぼう》九成るも、未だ必ずしも功を帰せず。一謀成らざれば、則ち訾議《しぎ》叢《むら》がり興る。君子は寧《むし》ろ黙して躁《そう》なることなく、寧ろ拙にして功なることなき所以《ゆえん》なり」〈前集71〉

【訳文】十語のうち九語まで的中したとしても、世間からまだ不思議だと褒められるとは限らない。その的中しない一語のために、非難が連なり集まってくる。また、十謀のうち九謀まで成功したとしても、世間からまだその人の功績だとされるとは限らない。その成功しない一謀のために、苦情が群がり興ってくる。そこで君子たるものは、むしろ沈黙を守る方が騒ぎ立てるよりもましであり、むしろ拙劣の方が小利口であるよりもましであるわけだ。

16　練磨してこそ本物となる

組合役員となると、馴染みのなかった労働協約や組合規約といったものに出会う。とてもわずらわしいが、この条文を読みこなせないと組合役員は務まらない。しかし、どんなに規則や条文を頭に叩き込んでも、例え暗証したとしても、それだけでは習得したことにはならない。同様に、組合には組合活動に関するテキストやマニュアルがそろっているが、それを読破したからといって満足してはならない。テキストやマニュアルを読んだからといって、理解したことにはならない。労働協約や組合規約、それにテキストやマニュアルといった類は、使いこなしてこそわが身のものとなる。実践してこそ生きたものになるのである。規則や条文を熟知しているからといって、問題解決能力を有していることにはならないことを肝に銘じてほしい。

組合役員なる者は、修業を重ねてこそ幸せがつかめるように、労働協約や組合規約といったものを使い込んでこそ初めて本物となり、身に付くということを心してほしい。

故事曰く、「一苦一楽、相磨《あい》練し、練極《きわ》まりて福を成すものは、その福始めて久し。一疑一信、相参《さんかん》勘し、勘極まりて知を成すものは、その知始めて真なり」〈前集74〉

【訳文】苦しんだり楽しんだりして、修業を重ね練磨して作り出した幸福であってこそ、その幸福は永続する。また、疑ったり信じたりして、苦心を重ね考えぬいた知識であってこそ、その知識は本物になる。

17 潔癖すぎてはいけない

労働組合役員のなかに、そういうのは筋が通らないからできないとか、論に合わないから動かない、などという役員がいる。また、きれいな表舞台には立つが、どろどろとした裏の世界には手を染めない役員がいる。しかし、大衆運動である労働組合活動を担う役員は、ときに筋の通らない話を処理しないといけない場合があったり、論に合わないことでも行動しなければならない場合があるのだ。

また労使協議が難航しているような状況においては、その解決を図るために、ときにどろをかぶらなければならない局面に遭遇する。何ごとにも潔癖であることは大事であるが、潔癖さだけでは務まらないのが組合役員なのである。

組合役員なる者は、純粋無垢ではいけないし、清濁併せ呑む覚悟がいることを心しておく必要がある。


故事曰く、「地の穢《けが》れたるものは多く物を生じ、水の清《す》めるものは常に魚なし。故に君子は、当《まさ》に垢《こう》を含み汚《お》を納《い》るるの量を存すべく、潔を好み独り行なうの操《そう》を持すべからず」〈前集76〉

【訳文】きたない土には多くの作物ができ、澄みすぎる水には魚は住みつかない。そこで君子たるものは、世俗の恥やよごれを受け入れる度量を持つべきであり、あまり潔癖すぎて世俗の外に超然たる操守を持つべきではない。

18　何もしないよりは行動的なほうがいい

組合役員で、過去のしきたりや、組織の規範を無視して動き回り、問題を起こす役員がいる。口を出すより手の方が早い役員である。少しは静かにしていてほしいのだが、じっとしておれないといったタイプの役員だ。このような役員は確かに困った人なのだが、何もしないでじっと待ち構える役員よりは、まだましである。なぜなら動き回る役員には、組織のルールだとか行動規範といったものをしっかり教え込めば、立派な行動的役員に成長する可能性を秘めているが、もともと何もしない役員は手の打ちようがないからである。

組合役員なる者は、頭で考えるばかりで動かないよりは、行動してこそ存在価値はあるし、動かない静的タイプの役員よりは、行動しすぎて困るような暴れん坊の役員の方が、処方箋もあっていいというものだ。

故事曰く、「泛駕《ほうが》の馬も、駆馳《くち》に就くべく、躍冶《やくや》の金《きん》も、終《つい》に型範《けいはん》に帰す。只だ一に優游《ゆうゆう》して振わざるもの、便《すなわ》ち終身個《こ》の進歩なし。白沙云う、『人と為《な》り多病なるは未だ羞《は》ずるに足らず。一生病なきはこれ吾が憂なり』と。真に確論なり」〈前集77〉

【訳文】車をひっくり返すようなあばれ馬も、御し方でうまく走らせることができるし、鋳型から跳り出す金も、ついには鋳型におさめることができる。ただ、のらりくらりと日を過ごし少しも奮起しない者だけは、一生涯、進歩というものはない。陳白沙が言うに、「生まれつき多病なことは恥じ入るほどのことではない。むしろ、生涯、無病であって、病のなんたるかを知らない方が自分には心配の種である」と。ほんとうに確かな議論である。

19　欲ばる心は品格を壊す

組合役員も欲ばると、あまりいいことがないようだ。実力もわきまえないで、上位の役職を求めるポスト欲は周囲の信任を得られず物笑いの種となるし、何ごとにも計算高くふるまう金銭欲は誠にけち臭い。労使交渉や労使協議において多々ますます弁ずと、少しでも高く獲得しようとすれば、組合員に一時の利益をもたらすことにはなるが、足元をすくわれる危険性を持つ。欲にとり付かれると、心は乱れ、健全な精神は汚れ、知恵も悪知恵ばかり働くようになり、人格・品性も破壊されてしまう。その結果、組合指導者としての人徳というものが失われ、職場組合員や会社幹部からの信頼関係も大きく失墜する。

組合役員なる者は、とにかく欲に眩んで、人生そのものを狂わせてしまわないようにくれぐれも用心しなければならない。

故事曰く、「人は只《た》だ一念貪私《たんし》なれば、便《すなわ》ち剛を銷《け》して柔となし、智を塞《ふさ》ぎて昏《こん》となし、恩を変じて惨《さん》となし、潔を染《そ》めて汚《お》となして、一生の人品を壊了《かいりょう》す。故に古人、貪《むさぼ》らざるを以て宝となすは、一世に度越する所以《ゆえん》なり」〈前集78〉

【訳文】人間は、ほんの少しでも欲ばる心を起こすと、強い気象も弱くなり、澄んだ知恵もにぶくなり、愛情も残酷な心に変わり、潔白な心もよごれてしまって、生涯の品格をすっかりこわしてしまう。そこで古人も、欲ばらないことを宝としたが、それが俗世間を超越したわけである。

20　後悔せず、あせりもしない

組合役員となると、運動方針に則って業務を執行していくことになるが、なかなか思い通りに進まないことが多い。特に時代の変化に対応して新たなテーマに取り組むときには、組合運動に具体的なテキストがあるわけではなく、なかなか道筋がつかないものだ。しかし、なかなか解決方法が見い出せないからといって焦ってはならない。新しい制度の完成を急ぐよりは、現行制度にきらりと光るものがあって、少々の手直しで十分役割機能を果たすものならば、それを活用するのがよい。また、過去の失敗をいつまでもくよくよしていてはいけない。過去の失敗を悩み続けるよりは、その失敗や体験を踏まえて、また同じ過ちを繰り返さないように用心することの方が大切である。

組合役員なる者は、過去を後悔せず、将来に向けて事が進展しないからといって焦らない。

故事曰く、「未だ就《な》らざるの功を図《はか》るは、巳《すで》に成るの業《ぎょう》を保つに如《し》かず。既往《きおう》の失《しつ》を悔ゆるは、将来の非を防ぐに如かず」〈前集80〉

【訳文】まだ成就していない事業の完成をあせるよりも、すでに完成している事業を永く保ち発展させる方がましである。また過去の過失をいつまでも後悔するよりも、将来の失敗を早く予防する方がましである。

21 甘すぎず、からすぎない

組合役員となると指導者としてふさわしい人格が求められるが、どういう人が立派な人かというとなかなか難しい。人格者であるために潔白であることは重要な要素であるが、潔白である人には、了見の狭い人が多い。心広く寛容であることは重要なことであるが、度量が広い故に、決断力が鈍いという人もいる。明察であることも必要な要素であるが、明察過ぎるために人のあら捜しをする人もいる。正直であることももちろん大切な要素なのだが、バカ正直というのも困りものである。
そこで組合役員なる者は、何ごとにもほどほどというのがあることを知ってほしい。甘すぎず、からすぎることはない人こそ立派な人格者であり、優秀な指導者なのだ。

故事曰く、「清にしてよく容《い》るることあり、仁にしてよく断を善《よ》くし、明にして察を傷つけず、直にして矯に過ぎず。これを蜜餞《みつせん》甜《あま》からず、海味《かいみ》鹹《から》からずと謂《い》い、纔《わずか》に是れ懿徳《いとく》なり」
〈前集83〉

【訳文】潔白であるが、しかもよく人を容れる雅量があり、寛仁であるが、しかもよく決断力を持ち、明察であるが、しかも人のあら探しをせず、正直であるが、しかも並外れになることはない。このような人物を、砂糖漬でも甘すぎず、海産物でも塩からすぎることはないと言い、それでこそ立派な美徳を持つと言える。

22 憂い、失意にも投げやりはいけない

組合役員になると、成功体験を得て喜びを実感できるが、失敗も重ねることになる。また、組合役員として達成感を得られるときもあれば、失意にさいなまれることもある。充実した日々を送るときもあれば、恥をさらけだすときもある。成功したり充実しているときはいいが、失敗したり失意のどん底にあるときは、何もかも投げ出したい気分となる。しかし、ここで投げ出してしまっては、今までの苦労が水泡と化す。どんなにつらい現実に遭遇しても、どんなに醜い心持ちとなっても、投げやりはいけない。

組合役員なる者は、憂いや失意に直面しても投げやりはいけない。どんなに古い工場でも、みすぼらしい建屋でも、整理整頓をして、きれいに掃除すれば、新築の工場に負けない立派な工場となるように、ようは心掛け次第なのだ。

故事曰く、「貧家も浄《きよ》く地を払い、貧女も浄く頭を梳《くしけず》れば、景色《けいしょく》は艶麗《えんれい》ならずと雖《いえど》も、気《き》度《ど》は自《おの》ずからこれ風雅なり。士君子、一たび窮愁寥落《きゅうしゅうりょうらく》に当たるも、奈何《いかん》ぞ輒《すなわ》ち自《みず》から廃《はい》弛《し》せんや」〈前集84〉

【訳文】あばら屋でもきれいに庭を掃除し、貧しい女もきれいに髪をとかしておれば、外見はあでやかに美しいとは言えないまでも、品格は自然に趣を得てくるものである。そこで一人前の男として、万一、困窮の憂いや失意の悲しみに落ちたときでも、どうしてそれですぐ、自分から投げやりになってよかろうか。

23 献身的になったらためらってはいけない

労働組合役員に就任すれば、普段の会社生活からは想像しがたいような重い役割を頼まれたり、いろいろな役回りが飛び込んできたりする。自分で出来るだろうかとか、ほかに適任者がいるのではないかとか、思い悩むこととなる。しかし、いったん決断したならば、いつまでもぐずぐずとためらっていては、せっかく下した清い初心といったものを汚れさせることになってしまう。

また献身的な活動を行ったことや、組織のために努力したからといって、その報いや見返りといったものを求めたり、また期待してはいけない。そのような邪心は、せっかくの尊い志といったものをだいなしにしてしまうし、人間の値打ちといったものを下げることになってしまうのだ。

故事曰く、「己《おのれ》を舎《す》てては、その疑いに処《お》ることなかれ。その疑いに処れば、即ち舎つるところの志、多く愧《は》ず。人に施《ほどこ》しては、その報いを責むることなかれ。その報いを責むれば、舎つるところの心を併せて、倶《とも》に非なり」〈前集89〉

【訳文】身を捨てて献身的になったなら、必ずためらってはならない。それにためらっていては、せっかく、身を捨てた初心をも恥ずかしめることが多くなる。また恩を施したら、決してその報いを求めてはならない。その報いを求めては、せっかく、恩を施した初心をも共にむだにする。

24　くじけずに対抗する気持ちを持つ

組合役員として日々活動していると、会社生活で体験したことのないような苦しい局面や嘆きたくなるような場面に遭遇する。しかしこれらは、天の意地悪か、成長のために天が与えてくれている試練だと思って負けてはいけない。気持ちを強く持って対抗することだ。福が逃げても、人生まじめに生きていることで嘆かない。病気で肉体が苦痛となれば、心持ちを楽にして対抗しよう。哀れな境遇だと悲しまないで、この道こそわが歩む道であると初志貫徹しよう。そうすれば天とて、それ以上に何ができるというのだ。

組合役員なる者は、どのような不幸や苦痛や冷遇にも、くじけてはいけない。天が与える試練だと思って容認するぐらいの気持ちを持とう。そうすれば、悲嘆にくれることはない。

故事曰く、「天、我に薄《うす》くするに福を以てせば、吾《われ》、吾《わ》が徳を厚くして以てこれを迓《むか》えん。天、我を労するに形を以てせば、吾、吾が心を逸《いつ》にして以てこれを補わん。天、我を阨《やく》するに遇《ぐう》を以てせば、吾、吾が道を亨《とお》らしめて以てこれを通ぜん。天且《か》つ我を奈何《いかん》せんや」〈前集90〉

【訳文】天が我にわが福を薄くするなら、我はわが徳を厚くして対抗しよう。天が我にわが肉体を苦しめるようにしむけるなら、我はわが精神を楽にして補うようにしよう。天が我にわが境遇を行きづまらせるようにしむけるなら、我はわが道をつらぬき通すようにしよう。かくすれば、天といえども、我をどうすることもできないであろう。

25 栄光は一瞬に消え去るもの

組合役員の成りたての若いころは、とかく大暴れするものである。また不良役員などと言われて、マークされることもある。しきたりやルールといったものを知らないから恐いものはないので、武勇伝も数多く残る。若い時代の失敗やご乱行は恐れることはない。それらが肥やしとなって経験を積み、その後、立派な組合指導者として大成することになる。

逆に若いころ、まじめで立派であった役員は気をつけなければならない。優秀で評判のリーダーが、突然想像しがたい行為に出ることがある。立場にお立場におぼれたり、身分を省みず突如、道を踏み外すことがある。

組合役員なる者は、少々若いころの行動は大目に見てもらえるが、歳をとったりその役職をある程度極めると、その行動に責任を持たなければならない。栄光を築くのには長い年月を要するが、失うのは一瞬であることを心しておくべきである。

故事曰く、「声妓《せいぎ》も晩景《ばんけい》に良《りょう》に従えば、一世の胭花《えんか》も碍《さまた》げなし。貞婦も白頭に守りを失えば、半生の清苦も倶《とも》に非なり。語に云う、『人を看《み》るには只《た》だ後の半截《はんせつ》を看《み》よ』と。真に名言なり」〈前92〉

【訳文】浮き名を流した妓女でも、晩年に縁を得てよく夫に仕えたならば、それまでの浮いた暮らしも妨げにはならない。（これに反して）、貞節な妻でも、白髪になってから操を破ったならば、それまでの清い苦労も水の泡になる。ことわざにも、「人の値うちを見るには、ただ後の半生を見るだけでよい」と。まことに名言である。

26 権力を振りかざしたり、偉ぶってはいけない

労働組合役員は、組合員への奉仕者である。役職や立場を越えて、組織に貢献したり組合員に奉仕することは尊いことである。役職や地位が高いからといって、権力や立場を振りかざしてはならない。また権力や立場をカサに、組織や組合員に恩を売ってはいけない。恩を売るようになったり、見返りを求めるならば、どんなに役職や地位が高かろうとも乞食と同じである。

組合役員なる者は、権力を振りかざしたり偉ぶってはいけない。また、組織に貢献したり組合員に奉仕する心を持たなければならない。貢献や奉仕に対して、恩を売ったり報酬を求めるなど、見返りを期待してはならないのだ。

故事曰く、「平民も肯《あえ》て徳を種《う》え恵を施《ほどこ》さば、便《すなわ》ち是れ無位的の公相なり。士夫も徒《いたずら》に権を貪り寵を市《う》らば、竟《つい》に有爵《ゆうしゃく》的の乞人《きつじん》となる」〈前集93〉

【訳文】無位無官の人でも、自らすすんで世に徳を植え人に恵みを施すなら、それは

もう無冠の宰相である。（これに反して）、高位高官の人でも、ただ権勢をむさぼり求め人に恩を売るだけでは、それはもう衣冠をつけた乞食も同然である。

27　失敗はむやみに叱ってはいけない

部下や仲間に過ちがあったからといって、即座に叱るのはよくない。あからさまに怒ることも考えものだ。失敗を見逃すこともいけないが、むやみに叱っては逆効果となる。頭ごなしに叱ってしまうと、相手の心を閉ざしてしまい、反発心を招くだけで意味がない。また今日、過ちに気づいていないようなときには、今日叱っても価値はない。過ちを認識していないような場合には、日を変えて忠告するのがよい。

組合役員なる者は、失敗を叱る場合、力ずくではなく、やさしく諭すのがよいし、日を変えて指導したり指摘する方が効果を挙げることがあることを心しておこう。強く迫ったり、直接がみがみ言うだけでは、北風と太陽のおとぎ話ではないが、問題は解決しない。

故事曰く、「家人、過《あやまち》あらば、宜《よろ》しく暴怒すべからず、宜しく軽棄すべからず。此の事言い難くば、他の事を借りて隠《いん》にこれを諷せよ。今日《こんにち》悟らざれば、来日《らいじつ》を俟《ま》ちて再びこれを警《いまし》めよ。春風の凍《こお》れるを解くが如く、和気の氷を消すが如くにして、纔《わずか》に是れ家庭的の型範なり」〈前集96〉

【訳文】身内の者に過失があった場合、むやみに怒ってはよくないし、また軽くみてうち棄てておくのもよくない。もしそれが、あからさまに言いにくいことであれば、他のことにかこつけて遠まわしにほのめかすようにすればよい。今日、気がつかないなら、他日を待って諭すようにするがよい。ちょうど春風が凍りついた地面を解かすように、また、暖気が氷を消すようにしてこそ、はじめて家庭の模範といえよう。

28 活動に心を込めるようにする

組合役員として活動を進めるときは、心を込めて取り組まなければならない。心を込めない活動は、配慮も欠き淡白で、手抜きも起こる。そもそも執行部の誠意や思い入れといったものが反映されないから、組合員の心を打つことがない。心を込めない活動は、どんなに立派ですぐれた企画であっても感動が起こらない。感動のない活動は失敗である。

逆にその活動に少々難があっても、心を込めて誠意を尽くせば、組合員の心をつかむものである。心をつかめば組合への魅力も高まるし、求心力も自然と起こる。また抵抗がつよく反発があっても心を込めた信念の入った活動は組合員のハートを射るものである。

組合役員なる者は、あらゆる活動に対して事務的、官僚的になってはならない。心を込めた信念のある活動を行えば、どんなに困難で難しい取り組みであっても、きっと壁を破り成功するものである。

故事曰く、「人心、一たび真なれば、便《すなわ》ち霜をも飛ばすべく、城をも隕《おと》すべく、金石をも貫《つらぬ》くべし。偽妄《ぎぼう》の人の若《ごと》きは、形骸《けいがい》は徒《いたずら》に具《そな》わるも、真宰は已《すで》に亡び、人に対しては則ち面目《めんぼく》憎むべく、独り居れば則ち形影自《みず》から媿《は》ず」〈前集101〉

【訳文】人のまごころから出た一念は、夏にも霜を降らすこともでき、城壁を崩すこともでき、金石を貫き通すこともできる。(これに反して)、偽りばかりの人間は、肉体だけは備わっていても、肝心の魂はなくなっているので、人に対する顔つきも憎らしいので嫌われるし、独りでおるときは自己嫌悪に陥るにちがいない。

29 何ごとにも自然のままで振る舞う

組合役員となると文章を書くことが多くなる。運動方針や活動報告は小説ではないから、組合員に分かりやすく要点をとらえて簡潔にまとめないといけない。また組合役員として指示する文章や依頼文は随筆ではないから、飾ることを要しない。明確明瞭に伝える文章でなくてはならない。文章の達人ともなれば、特段、高度な技法を用いることなく、必要なことを要点を絞って表現するだけである。

同じように最高の人格者は、特別な極意といったものを駆使しているわけではない。ただ自然のまま振る舞う、誇張もなければ余分な演出もない、それこそが最高の人格者である。

組合役員なる者は、その道を極めようとするならば、何ごとにも自然のままがいい。自然のまま表現したり振る舞うことが、達人への近道であり、人格者になる最も大切な心得である。

故事曰く、「文章は極処《きょくしょ》に做《な》し到れば、他の奇あることなく、只だ是れ恰好《かっこう》のみ。人品は極処に做し到れば、他の異あることなく、只だ是れ本然のみ」〈前集102〉

【訳文】文章というものは、最高の域に達すると、特別に珍しい技法があるものではなく、ただぴったり合った表現をするだけである。人格も、最高の域に達すると、特別に変わった点があるものではなく、ただ自然のままだけである。

30　美味・楽しみごとは度を越してはいけない

組合役員にとって、ついつい、つらい立場に追い込まれると、甘い言葉を振りまいてごまかそうという心が起こることがある。しかし、これは危険である。できもしないことを約束したり、その場限りの逃げ口上で、かわそうとする態度は、厳に慎まなければならない。甘い言葉は口あたりはいいが、組合指導者にとっては危険極まりない毒であり、害となるものである。

また相手を喜ばせるために酒食を振る舞ったり、遊びや娯楽を共に楽しむことは、ときに必要なこともあるが、度を越してはならない。度を越した楽しみは、身を滅ぼしたり人格を削ぐことになり、結果としてリーダーとしての地位を失うことにもなる。

組合役員なるものは、ときにはリップサービスや付き合いといったものを必要とする場合がある。しかし、ほどほどであれば社交辞令として悔いはなかろうが、度を越せば猛毒を飲まされたり、逆に飲ますことになることを心すべきである。

故事曰く、「爽口《そうこう》の味は、皆爛腸《らんちょう》腐骨《ふこつ》の薬なり。五分《ぶ》ならば便ち殃《わざわい》なし。快心の事は、悉《ことごと》く敗身喪徳の媒《なかだち》なり。五分ならば便ち悔《くい》なし」〈前集104〉

【訳文】人の口を喜ばせる美味は、(度を越しやすいので)、皆、胃腸をただらせ骨を腐らせる毒薬となる。ほどほどにして度を越さなければ、まあ害はない。また、人の心を喜ばせる楽しみごとは、(度を越しやすいので)、すべて身を誤り徳を失う原因となる。ほどほどにして度を越さなければ、まあ悔いはない。

31　人の過失や過去をあばいてはいけない

組合役員となると、とにかくいろいろな情報が集まってくる。苦情処理活動も重要な活動であるから、個々人の相談に応じているとプライバシー情報も当然、知る立場となる。会社との折衝においても人事事務を取り扱っていると、会社内や職場における人事情報も得ることになる。組合員への個人融資の窓口ともなるので、家族関係など私生活にも踏み込むこととなる。そこでこれらによって知り得た情報はしっかり管理されるべきであり、安易に漏洩するようなことがあってはならない。軽く情報を取り扱うと、組合員との信頼関係を削ぐことになってしまうし、もう相談には二度と訪れなくなる。また、時間が経過し、過去の話だからといって、昔の話を蒸し返すようなことを行ってはならない。過去はきれいに消え去ってこそ、互いにハッピーな関係を維持できるのである。

組合役員なる者は、人の過ちを責めたりせず、組合活動により知り得たプライバシーに関わる個人情報を漏らしたり流布したりせず、また過去の恥部をあばくようなことをしてはならない。そのことがわが身を守る大切な処方箋となる。

故事曰く、「人の小過を責めず、人の陰私を発《あば》かず、人の旧悪を念《おも》わず。三者、以て徳を養うべく、また以て害に遠ざかるべし」〈前集105〉

【訳文】人の小さな過失を責めたてることをせず、人のかくしておきたい私事をむりにあばきたてたりせず、人の過去の悪事をいつまでも覚えておくようなことをしない。この三つを実行すれば、自分の徳を養うことができるし、また、人の恨みを買う災害から遠ざかることができる。

32　軽々しくなく、重々しくない

組合役員となると、組合指導者としてのふさわしい行動が求められる。日常の振る舞いも、組合役員となれば慎重でなければならない。軽率な行動や言動は慎まなければならないし、信念が見えない動きや大衆に振り回されているような行動は、指導者として失格である。ほとばしり出る風格、ゆとりといったものが備わっているとなお好ましい。

反対に、心の使い方は重々しくあってはならない。心遣いとか周囲への配慮などは軽々しく振る舞わないと、重々しくあってはせっかくの配慮というものが欠けてしまって価値がなくなる。

また、特に大切なことは、組合員の目がどこに付いているのか分からないということである。事務所や工場ではないからといって安心していてはいけない。遠く離れているから、だれも見ているはずはないと思って羽を伸ばしていると、とんでもない落とし穴に落ちることになる。常時、油断せずに、組合員の目というものを絶えず意識して行動し、発言しなければならない。組合役員なる者は、日ごろから振る舞いや発言は軽々しくあってはならず慎重であるべきであるし、指導者としての風格が備わっていればなおよい。逆に、心配りや配慮するにあっては重々しくあってはならず、軽快な動きが求められる。

故事曰く、「士君子、身を持《じ》するは軽くすべからず、軽くすれば則ち物能《よ》く我を撓《たわ》めて、悠閒鎮定の趣《おもむき》なし。意を用うるは重くすべからず、重くすれば則ち我物のために泥《なず》みて、瀟洒活潑《しょうしゃかつぱつ》の機なし」〈前集106〉

【訳文】士君子という者は、身の振舞いについては軽々しくしてはならない。軽々しくすると、外物に振りまわされて、ゆったりとして落ち着いた風格がなくなってしまう。しかし、心の使い方は、重々しくしてはならない。重々しくすると、自分が物にこだわりすぎて、さっぱりとした元気なはたらきがなくなってしまう。

33　満ち足りたときこそ恐れ慎む

組合役員になれば、苦しみも多いが、やりがいといったものを実感するときがある。また、つらい日々もあるが、手応えを得て充実した日々を送ることもある。思い通りに事が進んだり、手がけた活動が大きな評価を得て成功したりすると、快哉を叫びたくなるものである。しかし、組合指導者としては、うれしさのあまり度を超えたり羽目をはずした行動をしてはならない。必ずそのツケは後で回ってくるものである。うれしさのあまり浮かれると、その無理は後々影響してくるものなのである。

組合役員なる者は、順風満帆のときこそ、大騒ぎをして喜びを発散させるのではなく、摂生に努め何事にも慎重な姿勢が大切である。全盛時代の悪行が祟って、後世で身を滅ぼすといった事例は枚挙にいとまがないことを心すべきだ。

故事曰く、「老来の疾病《しっぺい》は、都《すべ》て是れ壮時《そうじ》に招きし的《もの》なり。衰後の罪孽《ざいげつ》は、都て是れ盛時に作《な》せし的なり。故に盈《えい》を持《じ》し満を履《ふ》むは、君子尤《もっと》も兢《きょう》々たり」〈前集109〉

【訳文】老後の病気は、すべて若いときに摂生しなかった報いであり、下り坂になってからの災いは、すべて盛んなときに無理をした罰である。そこで君子たるものは、羽振りのよい満ち足りたときに当たって、特に恐れ慎むことを要する。

34 嫌われても、信念を曲げず

組合役員は八方美人では務まらない。自分の信念を曲げて迎合することは可能であるし、波風を立てず平和で過ごそうとすればこれほどやさしいことはないが、これでは組合員の信頼を得ることはできない。悪貨に駆逐されるのは安易な選択ではあるが、これでは組合への求心力を高めることにはつながらない。少々、嫌われても、また組織的にヒッチがあったとしても、自分の信念に沿って正しく行動していれば、何も恐れることはない。むしろ嫌われることを恐れて、自分の信念を曲げ、世論に迎合することの方が、よほど卑しいというべきである。

組合役員なる者は、摩擦を恐れるあまり、自分の信念を曲げて他人を喜ばせるよりも、摩擦が起ころうとも信念を曲げずに行動すべきである。また、何も評価されるようなことをしていないにもかかわらず褒められるよりは、何もしていないのにそしられるほうがまだいいというべきだ。

故事曰く、「意を曲《ま》げて人をして喜ばしむるは、躬《み》を直くして人をして忌ましむるに若《し》かず。善なくして人の誉《ほまれ》を致すは、悪なくして人の毀《そしり》を致すに若かず」〈前集112〉

【訳文】自己の信念をまげてまでして人を喜ばせるよりは、自身の行ないを正しくして、人に嫌われる方がましである。自分の行ないによいこともないのに人に褒められるよりは、身に悪いことをした覚えがなくて、人にそしられる方がましである。

35　手抜かり、投げやりは禁物である

組合役員となって活動を推進する場合、注目度の高い価値ある運動には

力を入れるが、小さいことや軽い活動には手を抜くといった姿勢ではいけない。どんなに小さいことでも全力投球しなくてはならない。また、誰も見ていないからとか、誰も見ていなかったからといって、隠したりごまかすようなことをしてはいけない。これでは信義に欠くことになり、組合員や組合組織を欺く、裏切り行為となるものである。また、どのような状況にあっても、どのようなつらい立場におかれたとしても、投げやりな態度ではいけない。投げやりな姿勢では、すべてに迷惑をかけるものである。

組合役員なる者は、小さいことだといって手抜かりしたり、組合員には分からないからといってごまかしたり、やる気がないからといって投げやりになってはならない。このような態度をとらない人こそ、指導者としてふさわしい立派な組合役員なのである。

故事曰く、「小処《しょうしょ》に滲漏《しんろう》せず、暗中に欺隠《ぎいん》せず、末路《まつろ》に怠荒せず。纔《わずか》に是れ個の真正の英雄なり」〈前集114〉

【訳文】小事だからとて手ぬかりするようなことはなく、人が見ていないからとて欺きかくすことはなく、落ちめだからとて投げやりになることはない。このようであってこそ、初めてひとかどの人物である。

36　愛情も深すぎると仇となる

組合役員として、多くの組合員と活動を共にしていると、助けたり助けられたりするものである。恩義に感じたり、恩義に感じられたりするのも、組合活動の良さである。しかし、愛情を注いだり、恵みを与えるといっても、過重なものとなってはならない。むしろ常識を超えた恵みや、身分不相応な厚い愛情は、相手のためにならないことが多い。愛情を注いだつもりが、かえって仇となる場合もあるから用心しなければならない。むしろ、恵みがわずかであっても、大いに感謝される場合もあるし、薄いぐらいの施しの方がありがたみがあるというものである。

組合役員なる者は、深い愛情はときに仇となること、薄い恵みであっても、それが心のこもったものであるならば、とても感謝され喜ばれるものであることを心しておくことが大切である。

故事曰く、「千金も一時の歓《かん》を結び難く、一飯も竟《つい》に終身の感を致す。蓋《けだ》し愛重ければ反って仇《あだ》となり、薄極《はくきわ》まりて翻《ひるがえ》って喜びを成すなり」〈前集115〉

【訳文】大金を与えても、その場かぎりの喜びも得られないこともあり、(反対に)、ほんのわずかな恵みも、案外、一生の恩を感ずることもある。思うに、愛情も重すぎると、かえって仇となることがあり、それがきわめて薄くても、かえって時には喜ばれることもあるものである。

37 無事平安なときこそ、患難に備える

組合役員として活動していると、いい時代もあれば悪い時代もある。いい時代の後には悪い時代が来るし、悪い時代が続いてもやがて良い時代が巡り来るものである。「朝の来ない夜はない」ということわざもある。経済

活動に好・不況の波があるように、組合活動においてもいい時代、悪い時代がある。大切なことは、良い時代にあってこそ、悪い時代に備えておくことである。平和なときにこそ、紛争や災難に備えることが必要である。

組合役員なる者は、労使関係が安定しているときにこそ、ストライキに備えて準備しておかなければならないし、大震災や大災害がいつ襲ってきても被害を最小限にとどめられるように万全の体制を普段から敷いておかなければならない。今、安全だからといって、将来も安全で平和であるという保障はないことを心して用心しておかなければならない。

故事曰く、「衰颯《すいさつ》の景象《けいしょう》は、就《すなわ》ち盛満の中に在り、発生の機緘《きかん》は、即ち零落の内に在り。故に君子は安きに居りては、宜しく一心を操《と》りて以て患を慮《おもんぱか》るべく、変に処しては、当《まさ》に百忍を堅くして以て成るを図るべし」〈前集117〉

【訳文】ものごとの衰えるきざしは、最も盛んで隆々たるときすぐにもう始まり、新しい芽生えのはたらきは、葉の落ち尽くしたとき早速に起きているのである。そこで君子たるものは、無事平安なときには、本心を堅く守り通して他日の患難に備えるべきであり、また異変に対処したときには、あらゆる忍耐を重ねてあくまでも成功することを図るべきである。

38　人の短所はとりつくろう

組合役員として指導者としての立場に立つと、仲間やメンバーの欠点や短所といったものが目につくようになる。付き合いが長くなると、特に目ざわりとなって、人間関係にもヒビが入るというもの。しかし、だからといって人の短所をあげつらって、その人を攻撃してはならない。攻撃という手段では、決してその短所を改めさせることはできない。人の短所はむしろとりつくろってやるぐらいがちょうどいい。また頑固な人には、これも怒って憎むような態度をとってはならない。そういう態度では頑固を一層つのらせるだけで、その頑固さを救うことはできない。

組合役員なる者は、頑固などといった人の短所には、攻め立てたり怒ったり攻撃したりせず、教えさとすとか、とりつくろってやるべきで、そうすることが気付きを与えたり、改めさせることに通じる。

故事曰く、「人の短処は、曲《つぶさ》に弥縫《びほう》を為《な》すを要す。如《も》し暴《あら》わしてこれを揚《あ》ぐれば、是れ短を以て短を攻むるなり。人の頑《がん》ある的《もの》は、善く化誨《かかい》を為すを要す。如し忿《いか》りてこれを疾《にく》まば、是れ頑を以て頑を済《な》すなり」〈前集121〉

【訳文】人の短所は、うまいぐあいにとりつくろってやる必要がある。もしそれをあばき立てて見せると、これは自分の短所をもって人の短所を責めるものであって、とても改めさせることはできない。また、がんこな点のある人は、うまく教えさとす必要がある。もしそれを怒って憎むと、これは自分のがんこをもって人のがんこを一層つのらせるもので、とても救うことはできない。

39 あまり語りたがらない人には、本心を語ってはいけない

組合役員としていろいろな人と会話することになるが、あまり語りたがらない寡黙な人には、うっかりと自分の本心を語らない方がよさそうである。心の底が計り知れないと、こちらの思いが十分に伝わらなかったり、反発を招くおそれがあるからだ。また、懐が狭く度量が小さい人で、心の底が分かりすぎている人には、言いかけられないように注意しなければならない。言いかけられたら最後、その内容はご都合主義でわがままなことがらが多く、ことわりきれないことが多いからである。

組合役員なる者は、口数が少なく、あまり語りたがらない人には、うっかりと本心を語るようなことをしてはならないし、心が狭く怒りっぽいタイプの人は、心の底が見えてしまっているから、自分勝手にいいと思い込んでいるようなことを、言いかけられないように用心すべきである。

故事曰く、「沈《ちん》々不語の士に遇《あ》わば、且《しば》らく心を輸《いた》すこと莫《なか》れ。悻々《こうこう》自《みず》から好しとする の人を見れば、応《まさ》に須《すべか》らく口を防ぐべし」〈前集122〉

【訳文】うす気味悪いほど落ち着いて、容易に口を開かない人には、うっかり自分の本心を語ってはならない（心の底が計り知れないから）。また、心が狭く怒りっぽくて、自分ではいいと思いこんでいる人には、うかつにものを言いかけられないようにせねばならない（心の底がわかりすぎているから）。

40　人間の心も、自然のごとくありたい

組合役員でいると、いろいろなことを体験することになるから、気持ちに起伏が起こったり、感情も大いに変化するものである。悲しいときがあればうれしいときもあるし、くやしい思いに苛まれるときがあれば、いきいきとして楽しいときもある。ところが、悲しいときやくやしいときが、いつまでも続くというようなことはあり得ないし、また楽しいことやうれしいことが永遠に続くということも、これまたあり得ない。したがって、何事にも一喜一憂することはない。

組合役員なる者は、いろいろと心の起伏といったものが起こるが、青空が急に嵐になっても、また元の青空に戻ったり、明月の夜空が一転して雷雨となっても、また急転して明月を迎えるように、急な心の変化も自然であたりまえのこととして受け入れるぐらいの心持ちでいたいものである。

故事曰く、「霽日《せいじつ》青天も、倏《たちま》ち変じて迅雷《じんらい》震電と為《な》り、疾風怒《ど》雨も、倏ち転じて朗月晴空と為る。気機何の常あらん、一毫《ごう》の凝滞《ぎょうたい》なり。太虚何の常あらん、一毫の障塞《しょうそく》なり。人心の体も、また当《まさ》に是の如《かく》くなるべし」〈前集124〉

【訳文】からりと晴れわたった青空も、にわかに変わって、はげしい雷鳴がとどろきすさまじい電光が走る空模様になるし、はげしい風や雨あらしも、急に一転して、明月が輝き晴れわたる夜空となる。大自然のはたらきになんの常があろうか、もとより変化して常ないが、それはほんのしばしの滞りであって、すぎてしまえば元の青空となる。大空になんの常があろうか。もとより変化して常ないが、それはしばしのふさがりであって、すぎてしまえば元の大空となる。人間の心のすがたも、また、このようでありたいものである。

41　とがめたり、怒ってはいけない

組合役員となると、人間関係においてもいろいろな局面に遭遇する。ストレートに向かってくる人には、真正面からぶつかっていけばいいが、ときには変化球が飛んでくることがあるから要注意だ。自分が試されようとする場合もある。明らかに軽くあしらわれていると感じるときもある。しかし、ここは顔色など変えないで平然としているのが賢明である。また、欺かれるときや侮辱されているということが明白なときもあるが、反論したりののしったり、また怒りをあらわにしてはいけない。相手の思う壷にわざわざはまることはないし、ただただ悠然として構えている姿は立派な指導者としての態度である。

組合役員なる者は、百戦練磨の人たちと日々、相まみえることとなるが、欺かれていようが侮っていることが分かっていようが、怒ったり、口に出してとがめたりはしない方がいい。このような指導者としての姿勢は趣きがあるし、効用もあるものだ。

故事曰く、「人の詐《いつわり》を覚《さと》るも、言に形《あら》わさず。人の侮《あなどり》を受くるも、色に動かさず。此の中に無窮の意味あり、また無窮の受用あり」〈前集126〉

【訳文】人が欺いていると知っても、ことばに出してとがめるようなことはしない。また、人が侮っているとわかっても、顔色を変えて怒るようなことはしない。(この両者はなかなかむずかしいが)、これができる態度の中には、限りないおもむきがあり、また、計り知れない効用があるものだ。

42 労苦こそ鍛錬して受けおおす

組合役員となれば、苦労は買ってでも体験すべきである。悩んだり苦しんだりして苦労を積み重ねることが、立派な組合役員となるための試練なのである。組合活動に足を突っ込んだ限り、何ごともなく平穏無事に済むということはあり得ない。体験を積み、苦労を経験し、いろいろな試練を経て、指導者としての磨きがかかり、人間としても成長する。困難や難題が降りかかってきたからといって逃げてはいけないし、むしろ自ら進んで地獄を体験するぐらいの気概がほしい。

組合役員なる者は、困窮や労苦は立派な指導者として成長するための鍛錬であり、優秀な指導者となるための訓練のようなものである。この鍛錬をこなせば心身ともにたくましく成長し、ワンランク上の素晴らしい組合役員となること間違いなしである。

故事曰く、「横逆《おうぎゃく》困窮は、是れ豪傑を煆煉《かれん》するの一副の鑪錘《ろすい》なり。能《よ》く其の煆煉を受くれば、則ち身心交《こもご》も益し、其の煆煉を受けざれば、則ち身心交も損す」〈前集127〉

【訳文】逆境や困窮の労苦こそ、ひとかどの人物を焼き鍛えるためのひと組の溶鉱炉のようなものである。その鍛錬をよく受けおおせれば、身心の両面に益があるし、受け損じると、身心の両面に損を受けて、できそこないになってしまう。

43 論議や議論を尽くす

労働組合は大衆運動を進める組織だから討議や議論は盛んである。決議機関である大会や中央委員会、執行機関である執行委員会ではときに激論が交わされる。大衆討議の場である職場集会などでは組合員の率直な意見が交わされる。論議や討議を通じて肉付けされた方針は強いし、職場の意見や要望が反映された決定は骨太となりより強固となる。会社に対する組合要求も、議論が尽くされたものは説得力を大いに持つし、会社の心を打ち、譲歩をもたらす。かつては主義・思想の違いから対立を生んだが、今では共通の認識に立って建設的な議論が行われるようになった。喧々囂々侃々《けんけんごうごうかんかん》諤々《がくがく》の議論は労働組合運動を推進する上でのエネルギーとなるものである。

したがって組合役員なる者は、議論や発言を封じ込めたり、反発を恐れて自分の意見や主張を述べないといった態度は、厳に慎まなければならない。

故事曰く、「群疑に因《よ》りて独見を阻《はば》むことなかれ。己《おのれ》が意に任《まか》せて人の言を廃することなかれ。小恵を私《わたくし》して大体を傷《やぶ》ることなかれ。公論を借りて似て私情を快くすることなかれ」〈前集130〉

【訳文】たとい大ぜいの人が疑いを持つからとて、自分が正しいと信ずる意見をやめてはならない。さりとて、自分の意見だけを信じて、人の正しい発言を採り上げないようではならない。また、小さな恩恵を施しこれに私情をさしはさんで、大局を見そこなうようなことがあってはならない。世論の力を借り人をきめつけて、腹いせをするようなことがあってはならない。

44 冷静な心と平静な気持ち

組合役員となると、いろいろな場面において、人情の厚情や薄情を実感したり、実感させられたりすることになる。そして人情の暖かさや冷たさといった変化は、地位や立場が上位にいけばいくほど激しくなる。なぜなら、厚情や薄情の影響度合いは、地位や立場が上位にいけばいくほど、その利害が大きくなるからである。

また嫉妬したり、忌避する心も時に起こるが、これは他の組織の役員の場合よりも、内部の役員に対する方が激しくはなはだしいようである。なぜなら、近親憎悪という言葉もある通り、身内の方がより事情に精通していることによる。

したがって組合役員なる者は、日々、冷静な心を持って厚情や薄情には対処する必要があるし、どのような状況や局面にあっても、絶えず平静な気持ちを持ち続けられるように、自らの心をうまく制御することが求められるのである。

故事曰く、「炎涼の態は、富貴更《さら》に貧賤よりも甚しく、妬忌《とき》の心は、骨肉尤《もっと》も外人よりも很《はなは》だし。此の処若《も》し当《あ》たるに冷腸を以てし、御するに平気を以てせざれば、日に煩悩《ぼんのう》障《しょう》中に坐せざること鮮《すくな》からん」〈前集135〉

【訳文】人情の暖かさ冷たさの変化は、（利害の対象が大きいので）、富貴の者の方が、貧賤の者よりも一層はげしい。また、ねたみそねむ心は、（事情に通じているので）、肉親の者の方が、あかの他人よりも一層はげしい。この点について、もしも冷静な心で当たり、平静な気持で制御していないと、毎日毎日、身心を悩まし苦しめて絶え間がないであろう。

45　功労・過失と恩義・遺恨

組合役員として活動を始めるようになると、やがて部下をもって指導的立場に立つことになる。その場合、部下との関係において大切なことは、部下の成果や過失はしっかりと認識し、評価を下すことである。良いにしろ悪いにしろ、人は評価されると発奮し、頑張ろうと新たなやる気を出してくれるものである。成果や過失を評価せずあいまいにしておくと、部下のやる気を削ぐことになる。

しかし一方、部下に対する個人的な恩義や遺恨は、あいまいにしておく方が賢明である。はっきりしすぎると部下に離反の心を起こさせることになる。

組合役員なる者は、明確に評価しフィードバックすべきものと、逆に白黒をつけずあいまいにしておいた方が人間関係を維持していくうえで好ましい場合があることを、心しておく必要がある。

故事曰く、「功過は少しも混ず容《べ》からず。混ずれば則ち人、惰堕《だき》の心を懐《いだ》かん。恩仇は太《はなは》だ明らかにすべからず、明らかなれば則ち人、携弐《けいじ》の志を起こさん」〈前集136〉

【訳文】部下の者の功労と過失とは、少しもあいまいにしてはならない。もしも、あいまいにすれば、部下の者は怠け心を持つようになる。（これに反して）、個人的な恩義と遺恨とは、はっきりしすぎてはならない。もしも、はっきりしすぎると、部下の者は離れ背く心を起こすようになる。

46 悪事と善行

組合役員も人間であるから、悪事と善行の数々に出会ったり体験することになる。しかし、組合の指導者として心しなければならないことは、表に出た悪事は、まだ軽微でかわいいものではあるが、裏に隠れてこっそりと内緒でやるような悪事は、何とも陰湿で悪質極まりないということである。密かにたくらみを企てるようなことは、悪事のなかでもとても根が深く、危険なものというべきものである。

一方、善行は、表に出して衆目が見守るなかで行うのは、それが善行であっても実にいやらしい。いかにも見せつけるような押しつけがましい善行ならば、やらない方がよい。隠れて他人の目が届かない中で実行する善行こそ、なるほど価値は高く尊いものとなる。

組合役員なる者は、人目につかぬ悪事はその根が深く、人目につかない善行は誠に尊いということを心しておくべきである。

故事曰く、「悪は陰を忌《い》み、善は陽を忌む。故に悪の顕われたるものは禍《わざわい》浅くして、隠れたるものは禍深し。善の顕われたるものは功小にして、隠れたるものは功大なり」〈前集138〉

【訳文】悪事は人めにつかないところを忌み嫌い、善行は反対に人めにつくところを忌み嫌うものである。そこで、人めにつくところに現われた悪事はわざわいの根も浅いが、隠れた悪事はその根が深い。同様に、人めにつくところに現れた善行は、たかの知れたものではあるが、隠れた善行はなかなか偉大である。

47 人格と才能

組合役員は、組合の指導者であるから日々研鑽することを求められるが、知識だけを詰め込んで学習すればいいかというとそうではない。また、博識でどんなに難しい質問や疑問に的確に答えてくれるからといって、その人が優れた立派な組合役員であるかというとそうではない。優秀で尊敬される組合役員とは、人格が備わっており、かつ有能な才能を有する人である。才能が大いにあっても、人格が欠落していれば、才能が勝手きままに動き回ることになる。したがって、才能を磨くことはもちろん大切なことではあるが、人格を形成するための日々の努力こそ、最も重視されなければならない。

組合役員なる者は、才能があるから優秀な指導者であるかというとそうではなく、人格が備わっていてこそ、組合の指導者として優れているということを心しておかなければならない。

故事曰く、「徳は才の主にして、才は徳の奴《ど》なり。才ありて徳なきは、家に主なくして奴の事を用うるが如し。幾何《いくばく》か魍魎《もうりょう》にして猖狂《しょうきょう》せざらん」〈前集139〉

【訳文】人格が才能の主人で、才能は人格の召使いである。才能だけがあって人格の劣ったものは、家に主人がいなくて、召使いが勝手気ままにふるまうようなものである。どんなにか、もののけが現われて、暴れまわらないことがあろうか。

48 追い込まず、逃げ道を用意する

組合役員となると、反対分子や抵抗勢力とも相まみえることとなるが、そういう人たちと渡り合う場合においては、完膚なきまでも追い込んでしまってはならない。相手を攻撃する場合も、完全に退路を断つのではなく、一つの逃げ道を用意してやることが必要である。逃げ道もなく、隠れる穴までも完全に塞いでしまうと、苦し紛れに何をしでかすか分からないし、最後のあがきにあって、こちらの大切なものまで失って大いに悩ませられ

ることになる。

組合役員なる者は、窮鼠猫を噛むということわざがある通り、追い詰められた鼠が猫に噛みつくこともあるわけであって、弱いものでも必死に反抗すれば、逆に強者も不覚をとることがあり得ることを十分心して、事に当たらなければならない。

故事曰く、「奸《かん》を鋤《す》き倖《こう》を杜《ふさ》ぐは、他《かれ》に一条の去路を放つを要す。若《も》しこれをして一も容《い》るる所なからしめば、譬《たと》えば鼠《ねずみ》の穴を塞《ふさ》ぐものの如し。一切の去路都《すべ》て塞ぎ尽くせば、則ち一切の好物も倶《とも》に咬《か》み破られん」〈前集140〉

【訳文】悪党を取り除き、へつらうやからをふさぐには、彼に一すじの逃げ路を用意しておく必要がある。もしも彼にひと所も身を置く場所がないようにしてしまうと、たとえば、ねずみの穴をふさいでしまうようなものである。すべての逃げ路をふさいでしまうと、苦しまぎれに大事なものまでも、すべて咬み破られるにちがいない。

49　功績や安楽は共有してはいけない

組合役員は執行部を構成する一員であって、執行委員会という組織の一人として任務を分担することになるが、活動を展開するにあたっては、個人が責任をもって担う活動と、チームの一人として活動を遂行する場合がある。単独で活動する場合はいいが、例えばプロジェクトチームを編成して活動を推進するようなときには、チームワークや連携といったものが極めて重要になる。勝手な行動はそのチームに混乱をもたらすし、個人的なわがままといったものはチームの生産性を阻害する大きな要因となるもので、組織として最大の成果を得るためにはいかに行動すべきか十分留意することが求められる。チームとして活動する場合において大切なことは、成功した功績を一人占めしてはならないということである。成果を独占してしまってはチームワークに亀裂が起こるというものである。また、功績は一人占めしてはならないが、逆に失敗した場合の責任は一人でかぶるぐらいの気概がほしい。ましてや、責任を他人に押し付けるなどといった態度は、指導者として失格である。

組合役員なる者は、苦労を分かち合うということはいいことであるが、功績を共有しようとしてはならないし、苦難を共にするのはいいが安楽を独占してはならないということを心しておく必要がある。

故事曰く、「当《まさ》に人と過《か》を同じくすべく、当に人と功を同じくすべからず。功を同じくすれば則ち相忌《い》む。人と患難を共にすべく、人と安楽を共にすべからず。安楽なれば則ち相仇《あだ》とす」〈前集141〉

【訳文】人と共にして失敗した責任を分かち合うのはよいが、成功した功績は共有しようとしてはならない。共有しようとすると、仲たがいの心が生じてくる。人と苦難を共にするのはよいが、安楽を共にしようとしてはならない。安楽を共にしようとすると、憎み合う心が生じてくる。

50　立派な指導者は、一言で救う

　組合役員となれば、全く異なる世界で業務を遂行することになり、壁にぶつかったり、逡巡したり、確信を持てないでいる、などといったことが多くなる。このようなとき一人で悶々と悩んでいてはいけない。どのような組織にも、経験豊富な上司や、いくつも苦難を乗り越えてきた先輩がいるはずである。そのような上司や先輩に相談すれば、有益な助言が得られるものである。わずか一言のアドバイスが、事態を大きく前進させたり、苦しみから開放してくれるものである。また部下や後輩が悩みを抱えていたり、精神的に落ち込んでいたりすれば、援助したり支えとなるのも上司・先輩の役割である。見殺しにしたり、見て見ぬふりをしていてはいけない。

　組合役員なる者は、物質的には支援の手を差し伸べられないが、精神的に援助したり助言することによって救ったり、支えとなるのが立派な指導者であるということを心しておきたい。

故事曰く、「士君子は貧にして物を済《すく》うこと能《あた》わざる者なるも、人の癡迷《ちめい》の処に遇いては、一言を出だしてこれを提醒《ていせい》し、人の急難の処に遇いては、一言を出だしてこれを解救す。また是れ無量の功徳《くどく》なり」〈前集142〉

【訳文】士君子は、とかく貧乏で物質的な面で救うてやることはできないが、しかし愚かで迷っている人に会ったときには、ただの一言でその迷いから目を覚まさせ、また、危難に苦しんでいる人に会ったときには、ただの一言でその苦しみから救ってやれる。このように精神的な面で救うてやることができるので、これもまた計りしれないほどの功徳である。

51　冷静な目で直視する

組合役員となると、人間関係に翻弄される危険を絶えず抱えながら、職務を遂行することになる。困ったことや相談ごとがあると、組合役員は頼りがいがあるからと、ずいぶんとまつわり付かれるものだが、問題や課題が解決してしまうと、あたかも何事もなかったように静かに離れていってしまうものである。また、組合役員として役職につけば、望みもしないのに何かと近寄られることになるが、いったん重要な役職から離れて、権限や力量といったものが落ち目となったり失われると、人は冷たく去っていくものである。

組合役員なる者は、人が集まったり離れていくのは、結局のところ計算高い人たちによる打算の結果でもあるから、指導者としては限りない冷静な目と心を持って直視し、いやしくも人の離合集散に影響させられたり、心を動かされて、軽々しく信念を変えるなどということがあってはならない。

故事曰く、「饑《う》うれば則ち附《つ》き、飽けば則ち颺《あが》り、燠《あたた》かなれば則ち趨《おもむ》き、寒ければ則ち棄つるは、人情の通患なり。君子は宜しく当《まさ》に冷眼を浄拭《じょうしょく》すべし。慎んで軽《かるがる》しく剛腸を動かすことなかれ」〈前集143〉

【訳文】饑えているときにはまつわり付いて来て、満腹すれば飛び散ってしまう。裕福なところへは集まって行き、落ちめになればすぐ見捨てて寄り付かない。これが世俗の人情の通弊である。このような世俗に対して、君子たるものは、冷静な目を更にぬぐい清めて直視せよ。そして慎んでかるがるしくその信念を変えてはならない。

52 見識を高めて心を広くする

組合役員は組織の指導者として、日々研鑽し、日常不断に努力することが求められる。そしてその努力は単に知識を吸収したり、法律や経営学を学ぶといったことではなく、尊敬され信頼される指導者となるためには人徳を磨くことが望まれる。人徳はその人の度量に準拠するといわれている。よって人徳を高めようと思えば、度量、すなわち何事をも受け止められる心の広さ、懐の大きさといったものを育成しなければならないし、その心の広さや懐の大きさをつくるためには、どのような事態に陥ろうとも、何事に向かい合うことになったとしても、自己の主義や主張により、考え方を明確に示せる識見とか見識が重要となるのであって、限りなく識見・見識を高めておかなければならない。

組合役員なる者は、見識を高めることによって度量を広くし、度量を限りなく広くすることによって人徳というものを高めることが求められる。

故事曰く、「徳は量に随って進み、量は識に由《よ》って長ず。故に其の徳を厚くせんと欲すれば、其の量を弘《ひろ》くせざるべからず。其の量を弘くせんと欲すれば、其の識を大にせざるべからず」〈前集144〉

【訳文】徳というものは度量に従って向上し、度量は見識に従って成長するものである。そこで、その徳を厚くしようと思えば、その度量を広くしなければならぬし、その度量を広くしようと思えば、その見識を高くしなければならぬ。

53　反省は成長をもたらし、とがめは己を傷つける

組合役員として活動を推進していく場合において大切なことは、日々評価を行って、その評価を今後の活動に生かしていくことである。評価を加えず、惰性で事を進めることは、活動の質は高まらず進歩しないことになる。

また組合役員として、自己を絶えず反省し、その反省を踏まえて今後の任務を果たそうと努力することは、とても重要であり価値のあることである。

日々の振る舞いや日常の言動というものを反省し、改めるべきは修正する

という姿勢は、指導者としてとても大事なことである。しかし、他人の過去の行状をあげつらって攻め立てたり、とがめたりしてはならない。人を攻め立てたりとがめることは、自分自身をも傷つけることである。

組合役員なる者は、日々の自己点検を怠ってはならない。しっかり反省し、その反省を明日に生かさなければならない。しかし、他人の過去をとがめるのは自分を攻撃するのに等しく、指導者の行うことではないことを心すべきである。

故事曰く、「己を反《かえり》みる者は、事に触れて皆薬石と成り、人を尤《とが》むる者は、念を動かせば、即ち是れ戈矛《かぼう》なり。一は以て衆善の路を闢《ひら》き、一は以て諸悪の源を濬《ふか》くす。相去ること霄《しょう》壌《じょう》なり」〈前集146〉

【訳文】自己を反省する者にとっては、なにごとに触れても皆良薬となるが、人の過失をとがめる者にとっては、心を動かすごとに皆自分を傷つける矛となる。前者はもろもろの善行を積む路を開くものであるが、後者はもろもろの悪事を重ねる源を深くするものである。両者の相違は、まさに天地雲泥の差である。

54　ちっぽけな知恵やたくらみは、頼みにもならず

組合役員となると、複雑怪奇な世界に悩まされたり、大きな罠に引っかかってしまったり、なかなか思うにまかせない世界があることを知る。また状況によっては、いろいろと知恵を絞ったり策を講じることによって、相手に対してアドバンテージを得ようとするが、結果は策に溺れたり、策を弄するだけの無駄に終わることとなる。

組合役員なる者は、しかけたつもりが、その背後から仕組まれていたり、たくらんだつもりが相手の術中にはまってしまったりするものである。よってちっぽけな知恵やたくらみをいくら企てても、何の頼りにもならないことを知るべきである。

故事曰く、「魚網の設くる、鴻《おおとり》則ち其の中に罹《かか》る。蟷螂《とうろう》の貪《むさぼ》る、雀《すずめ》また其の後に乗ず。機裡《きり》に機を蔵し、変外に変を生ず。智巧何ぞ恃《たの》むに足らんや」〈前集148〉

【訳文】魚を捕らえようと網を張っていると、意外にも大きいかりがかかる。かまきりがせみをねらっていると、すずめがその後からかまきりをねらっている。（人間社会には）、これと同様に、しかけの中にまたしかけが隠されていて、思わぬ異変の外にまた異変が生じてくる。してみると、ちっぽけな知恵や技巧などは、なんの頼みにもなりはしない。

55　誠実な心を持って、気転を働かす

組合役員ともなれば、組織を動かす指導者であり、組合員から信頼を寄せられるリーダーであるが、指導者として組織や組合員をリードしていくためには、誠実な心掛けを例え少しでも持ち合わせていなければならない。少しばかりの誠実な心を持ち合わせないような組合役員であれば、それは労働組合の指導者と呼ぶに足りない。また、組織を維持し運営していくためには、少しばかりの巧みな気転が欠かせない。如才ない気転がきかせられないような不器用な組合役員ならば、組織をまとめたり、組織を切り盛りすることは誠に不可能である。

組合役員なる者は、少々であっても誠実な心掛けを持ち合わせることと、わずかであっても巧みな配慮と気転といったものを備えておかなければ、いかなる場面に出くわしても、どこに出掛けて行っても障害にぶつかることになろう。

故事曰く、「人と作《な》るに、点の真懇《しんこん》の念頭なければ、便《すなわ》ち個の花子《かし》と成り、事々皆虚なり。世を渉《わた》るに、段の円活の機趣なければ、便ちこれ個の木人《ぼくじん》にして、処々に碍《さわり》あり」〈前集149〉

【訳文】人であるためには、少しは誠実な心がなければ、全くこじきと同じになり、その言うことなすことは皆いつわりである。また、世渡りのためには、ひとつ如才のない気転がなければ、全くでく人形と同じで、どこへ行っても障害に突き当たる。

56　小さいことでも用心を

組合役員として心掛けないといけないことは、何事においても小さいことだからといって軽視しないことである。ふとした思いや、ほんの些細な出来心が、重大な組織のおきてを犯し、何でもないようなただの一言が大きな波紋を引き起こす。また何でもないような些細なことがらが、後々まで尾を引くということになる。

組合役員なる者は、ほんの小さな邪念や、意識せず口走ってしまうような一言、それにわずかな出来事といったものでも、組織を大いに混乱させ、組合の信用を失墜させ、後世代々まで悪事が語り継がれてしまうことになるので、小さいこと、わずかなことだからといって軽く考えてはならない。ふとした思い、ただの一言、わずかな一事こそ、くれぐれも用心することが必要なのである。

故事曰く、「一念にして鬼神《きしん》の禁を犯し、一言にして天地の和を傷《やぶ》り、一事にして子孫の禍《か》を醸《かも》すものあり。最も宜《よろ》しく切に戒むべし」〈前集151〉

【訳文】ふとしたでき心が神霊のおきてを犯すことになり、ただ一言のまちがいが社会の平和を破ることになり、わずか一事の誤りが子孫にまで及ぶ災いを作り出すことになる。これらのことを考えて、くれぐれも用心するがよい。

57　急いだり無理をしてはいけない

組合役員となって、組合活動に取り組む場合、物事を急いでもなかなか明らかにならないことがある。むしろじっくりと構えて取り組んだ方が自然に明らかとなることが多いものである。拙速を尊ぶといった言葉通りの場合もあろうが、急いでやったからといって、万事が成功するとは限らない。急《せ》いては事をしそんじる場合が多いのである。また、あまり慌てて人の怒りをかってはいけない。

また、人を使うような場合、なかなか思うようには従わない者がいるものである。会社組織は業務命令で動くが、組合は人事権とか指揮命令権といったものでは動いてはくれない。あまりがみがみと言って余計に意固地にしてしまってはいけないのである。

組合役員なる者は、ものごとによっては、急いでやってもうまくいかないことがあり、むしろ時間をかけた方が順調に事が進む場合が多いといったことや、人をマネージメントするとき、なかなか言う事をきかないからといって強権発動するよりも、むしろ自由にさせておいた方が素直になって従うようになる場合があることを心しておく必要がある。

故事曰く、「事はこれを急にして白《あき》らかならざるものあり、これを寛にせば或《あるい》は自《おのず》から明らかならん、躁急《そうきゅう》にして以て其の忿《いか》りを速《まね》くことなかれ。人はこれを操《と》りて従わざるものあり、これを縦《はな》てば或は自から化せん、操ること切にして以て其の頑《がん》を益《ま》すことなかれ」〈前集152〉

【訳文】ものごとには急いでも、明らかにならないことがある。かえって、これをゆっくりにすれば、自然に明らかになることもある。あまりせきたてて人の怒りを招いてはならない。人を使おうとしても、容易に従わない者がいる。かえって、これを自由にしておけば、自然に変わってくることもある。あまりむりに使おうとして、その人をよけいに頑固にしてはならない。

58　学んで得た知識を徳性で練る

組合役員は、どんなにその主義や主張が知的で学問的に立派なものであっても、その主義・主張が組合員の心を打つ優秀で価値あるものかといえばそうではなく、また、その文章や作品がどれだけ美文かつ名文であっても、組織を動かしたり、組合員に感動を与える秀逸なものであるかというと、決してそうではないことを心しておかなければならない。主義・主張も文章作品も、現場に軸足をしっかりつけた実体験を踏まえたものでなければ、単なる空理空論に過ぎず、何の役にもたたないし有益なものとはならない。

組合役員なる者は、学者先生を超える主義・主張も、著述家や小説家をしのぐ名作であっても、それが現場から遊離していたり、道義的な徳性で吟味されていないと、何の価値も生まないことを知る必要がある。

故事曰く、「節義は青雲に傲《おご》り、文章は白雪より高きも、若《も》し徳性を以てこれを陶鎔《とうよう》せざれば、終《つい》に血気の私《し》、技能の末とならん」〈前集153〉

【訳文】その主義主張は高位高官の人々をはるかにしのぎ、その文章教養は白雪の名曲よりも高尚であっても、道義的な徳性で練り上げていなければ、けっきょくは、その主義主張も血気にはやった私行となり、その文章も手先の小細工になってしまうであろう。

59 全盛時に身を引く

組合役員は、組合員から選出される立場であるから、退任の時期については いつも心を配っておかなければならない。大切なことは全盛時に身を引くということであり、政治家と同じように身も心もぼろぼろになるまで役職にとどまるのはいかがなものか。またわが力量も省みず高い地位を求めると、人と争うこととなるので、争わないですむ分相応の地位にとどまるのがいい。また、日々の業務を行うにあたっては、当然、細かなことがらに目配りしたものでないといけないし、恩恵を施すときは、恩返しを期待するような施しではいけない。

組合役員なる者は、身を引く時期を誤ってはならず、また職位は穏当妥当なポジションがいい。また組合役員として職務を遂行するにあたっては、周囲への細やかな配慮を欠いてはならず、職務として執行したことについての見返りを求めるようなことを行ってはならない。

故事曰く、「事を謝するは、当《まさ》に正盛《せい》の時に謝すべし。身を居《お》くは、宜《よろ》しく独後の地に居くべし。徳を謹むは、須《すべか》らく至微の事を謹むべし。恩を施すは、務めて報いざるの人に施せ」〈前集154〉

【訳文】官位を去るには、全盛の時にするのがよく、身をおく地位は、人と争うことのないところがよい。また、徳行を慎むには、きわめて細かなことがらを慎むのがよく、恩恵を施すには、つとめて恩返しのできない人に施せ。

60　勤勉・倹約の真の心

組合役員として心すべき言葉に勤勉と倹約があるが、どうも誤解されているところがあるようだ。組合役員として職務に従事することを、将来の出世のためと考えたり、報酬を得るための手段と考える役員がいるが、これは勤勉でも何でもない。また、必要な支出を出し渋ったり、お金に嫌にけちんぼうになる役員がいるが、これは倹約でも何でもない。勤勉も倹約も本来の意味を忘れて、自らの卑しさを覆い隠すための口実に使われるのは誠に惜しいことである。

組合役員なる者は、勤勉とは組織や組合員のためにわが身を惜しまず職務に精励することであり、倹約とはそもそもお金には淡白で拘泥しないことをいうものであることを心して、日々の活動に邁進したいものである。

故事曰く、「勤は徳義に敏《さと》し、而《しか》るに世人は勤を借りて以て其の貧を済《すく》う。倹は貨利に淡し、而るに世人は倹を仮りて以て其の吝《りん》を飾る。君子身《み》を持するの符《ふ》は、反《かえ》って小人私《し》を営むの具と為《な》れり。惜しい哉」〈前集163〉

【訳文】勤勉とはもと道徳の実践にはげむことである。それなのに世人は生活のために働くことであると思っている。倹約とはもと財貨に淡白なことである。それなのに世人は逆に自分のけちんぼうを飾る口実にしている。君子が身を保って行くための勤倹という守り札は、かえって小人が私欲をはかる道具となってしまっている。まことに惜しいことである。

61　決めるときは客観的に、実行は主体的に

組合役員として活動をする場合、決断と実行がキーワードとなる。決断する場合、その利害得失をしっかり把握し、実情を十分に見極めるために、わが身を一歩外において客観的に判断すべきである。決断する立場にあるものが、事の中心にいて熱くなっていては判断を誤るというものである。しかし、実行する段階になると自分を埒外においてはいけないし、評論家のように外から眺めるだけで批判ばかりしているといった態度ではいけない。いっさいの打算を捨て、仲間と一緒になって汗をかいてこそ、立派な指導者といえるのである。

組合役員なる者は、吟味決断するときは、自分自身を客観的立場において判断すべきであり、実行する場合は、利害を忘れてどっぷり漬かり主体的に活動することが大切なのである。

故事曰く、「事を議する者は、身、事の外に在りて、宜《よろ》しく利害の情を悉《つく》すべし。事に任ずる者は、身、事の中に居りて、当《まさ》に利害の慮《おもんぱかり》を忘るべし」〈前集173〉

【訳文】ものごとを相談するときには、わが身をその埒外《らちがい》に置いて、客観的に利害得失の実情を十分に見窮めるようにせよ。また、実行に当たるときには、わが身をその渦中《かちゅう》に置いて、おのれの利害得失の打算を忘れるようにせよ。

62　組合は自由と民主主義を守るもの

組合役員は、わが主義こそ絶対に正しくて、その余の主義はすべて間違いである、を大義名分とするような排他的思想には近づいてはならない。組合は民主的組織であるから、自分の意見は正しく、他人の意見は間違いである、というような態度は許されない。全体主義や宗教的教義は一見、純粋そうではあるが、この思想をもってすべての根本とし、あらゆるものを自説で律しようとする姿勢は、本質的に組合民主主義とは相容れないものである。組合は自由と民主主義を守り発展させるための組織であるから、独善的、独裁的な主義・主張とは断固闘うものであることを確認しておきたい。

組合役員なる者は、自由と民主主義を否定するあらゆる思想や集団に近づいてはならない。また、自前の運動論や主義に拘泥して、一切の融通をきかさないような人には距離をおくべきである。労働組合は多様な価値観を共有し、思想・信条に分け隔てなくメンバーシップを発揮する組織であることを強く心したい。

故事曰く、「節義を標《ひょう》する者は、必ず節義を以て謗《そしり》を受け、道学を榜《ぼう》する者は、常に道学に因《よ》って尤《とがめ》を招く。故に君子は悪事に近づかず、また善名を立てず、只《た》だ渾然《こんぜん》たる和気のみ、纔《わずか》に是れ身を居《お》くの珍なり」〈前集175〉

【訳文】大義名分を表看板に掲げる者は、必ずその大義名分のためにそしりを受けることになり、道学を振りまわす者は、いつもその道学のためにとがめを招くことになる。そこで君子の心がけとしては、悪事に近よらないだけでなく、またよい評判も立てないようにして、ただ円満な和気だけを守っておれば、それでもう身をおく最上の道である。

63　人との接し方はタイプによる

組合役員はいろいろなタイプの人を相手として付き合わなければならないが、タイプの違う組合役員に同じ対応の仕方をしてはならない。口上手なくわせ者には真心を持って感動するように対応しなければならないし、少し乱暴な者には温和な心を持って、感動することを教えてやらなければならない。また、心のねじけた者には正義感をもって接し、人の道をもって励まし導くように対応しなければならない。

組合役員なる者は、人を指導しマネジメントするときは、そのタイプを見て、そのタイプに適切でふさわしい接し方を心掛ける必要がある。相手のタイプや行動スタイルに応じて対応すれば、どんなに手を焼く問題児であっても立派な人間に育ってくれるものである。

故事曰く、「欺詐《ぎさ》的の人に遇《あ》わば、誠心を以てこれを感動し、暴戻《ぼうれい》的の人に遇わば、和気を以てこれを薫蒸し、傾邪私曲的の人に遇わば、名義気節を以てこれを激礪《げきれい》す。天下、我が陶冶《とうや》の中に入らざることなし」〈前集176〉

【訳文】口上手なくわせ者に会ったならば、真心をもって感動するようにし、力自慢の乱暴者に会ったならば、温和な心をもって感化するようにし、心のねじけた小悪党に会ったならば、正義と意気の人の道をもって励まし導くようにする。（このように心がけると）、この世の中には、教化できない者はないようになる。

64 「耐」の一字を支えとする

組合役員となると、何事についても耐え忍ぶことが求められる。とにかく忍耐なければ務まらない世界である。組合活動には複雑に絡み合った難題が多く、知恵の輪を解くのに似ているが、投げ出したりせず、耐え忍ぶことが重要である。また、わが身の不遇を嘆く人がいるが、ここにも辛抱がいる。不遇な扱いを受けても、ここを耐えてこそ未来が訪れる。ここで腐ったり投げやりとなってしまっては、人生を棒に振ることになってしまう。

組合役員なる者は、険しい坂道や危険な橋に出会うこと多々あるが、どんなに辛かろうとも、苦しかろうとも「耐」の一字を支えとして、頑張り抜く決意が必要である。辛抱して耐え忍べば、やがて人生は開けるし、耐えられなければ奈落の底が待っているだけである。

故事曰く、「語に云う、『山に登りては側路に耐《た》え、雪を踏んでは危橋に耐う』と。一の耐《たい》の字、極《きわ》めて意味あり。傾険の人情、坎坷《かんか》の世道の如き、若《も》し一の耐の字を得て撑持《とうじ》し過ぎ去らざれば、幾何《いくばく》か榛莽《しんぼう》坑塹《こうざん》に堕入せざらんや」〈前集179〉

【訳文】語に「山に登ったならば険しい坂道でもしんぼうして耐えて進み、雪を踏んで行ったならば危い橋でもしんぼうして耐えて進め」とある。この「耐」の一字がきわめて大切である。

世上の険しい人情の坂路や、行きなやむ不遇な境遇で、とりわけ、この「耐」の一字を大事な支えとしなければ、どれだけ多くの者が、やぶや穴の中に落ちこまないであろうか。たいていは落ちこんでしまう。

65　すべてを包容するようにしたいもの

組合役員のなかには、あまりにも潔癖症の人がいて、みんなから迷惑がられていることがある。潔癖であることは決して悪いことではないが、あまりにも潔癖すぎて仲間から敬遠されるようでは困ったものである。また何ごとにも几帳面であることは良いことではあるが、几帳面すぎて融通がきかず、仲間の反感をかっている人もいる。これもまた困ったものである。

組合役員なる者は、組合組織を運営していくに当たっては、時には汚れやけがれも反発したり忌避するのではなく、心を広くして受容できる性格でありたい。また、几帳面であることは大切なことではあるが、時にはお

おらかな性格をも持ち合わせ、配慮のきく人間でありたい。これも組合社会を生きていく大切な処方箋なのである

故事曰く、「身を持するは、太《はなは》だ皎潔《こうけつ》なるべからず。一切の汚辱垢穢《こうあい》をも、茹納《じょのう》し得んことを要す。人に与《くみ》するは、太だ分明なるべからず。一切の善悪賢愚をも、包容し得んことを要す」〈前集185〉

【訳文】世渡りで身を保って行くには、あまり潔ぺきすぎてはならない。一切のよごれやけがれをも、すべてのみこむようでありたい。人と交わるには、あまりきちょうめんすぎてはならない。一切の善人悪人、賢者愚者をも、すべて包容することができるようでありたい。

66 修養はじっくりと行う

組合役員として、立派な指導者となることを志した場合、自己啓発や勉学に励まなければならないが、焦ってはならないし上辺だけをなめて満足

していてはならない。また、組合役員として人を教育研修する立場となるときがあるが、そのようなときもすぐに効果を期待してはならない。自分自身を磨いたり人を育てるということは、莫大な労力と時間を要するものなのである。また新たな運動や活動を立ち上げるとき、拙速であったり軽々しく着手してはならない。新しい事業を行うために十分吟味されなければならないし、用意周到にして矢を放つ必要がある。

組合役員なる者は、修養や教育はじっくりと深く取り組まなくてはならないし、新規の事業や運動の構築には慎重であるべきで軽々しく考えてはならない。

故事曰く、「磨礪《まれい》は当《まさ》に百煉《れん》の金の如くすべし、急就の者は邃養《すいよう》にあらず。施為《しい》は宜《よろ》しく千鈞の弩《ど》に似たるべし、軽発の者は宏功なし」〈前集188〉

【訳文】修養を志すなら、なんど度も煉り鍛えた金のように、じっくりとするがよい。速成では深い修養はえられない。また、事業を行なうなら、強い石弓を発するように、慎重にするがよい。軽々しく発しては大きな成果はえられない。

67 任期満了近くや退任後も光輝く

組合役員はやがてその役職を辞するときが来る。専従役員が職場復帰したり、非専従役員が組合役員を離れるような場合、もう務めを終えたからといって開放的気分に浸っていてはならない。組合員は組合役員であったその人の後ろ姿をしっかりと見ているし、かつてリーダーであったその人のその後も関心事なのである。

特に長きにわたり組合の専従役員であった場合、職場復帰をしてサラリーマン生活に戻ると戸惑いを覚えるようだ。組合役員であった時代においては組織の指導者として君臨していながら、一歩その組織を離れて、普通の使われる身となったとき、そこには使う側と使われる側の立場が逆転する。しかし、どんなにつらい立場になろうと、ここは妥協をしないでほしい。かつてはユニオンリーダーであり、組合員の指導者であった役員であるだらしない姿や気力の抜けた行動は厳に慎まなければならない。

組合役員なる者は、任期満了に近くなっても、組合役員を退任した後も異彩を放ち光輝く人であってほしい。

故事曰く、「日既《すで》に暮れて、而《しか》もなお烟霞絢爛《えんかけんらん》たり。歳将《まさ》に晩《く》れんとして、而も更《さら》に橙《とう》橘芳馨《きつほうけい》たり。故に末路晩年は君子更に宜《よろ》しく精神百倍すべし」〈前集196〉

【訳文】日がすでに暮れても、なお夕映えは美しく輝いているし、歳の暮れに当たっても、橙橘のたぐいは一段とよい香りを放っているではないか。そこで、晩年に際しては、君子たるもの、一段と精神を奮い立たせて最後を飾るがよい。

68　何事にも冷静に

組合役員となれば、感情を如何に制御するかが重要となる。熱くなったり激高したくなるときもあるが、ここはひと呼吸おいて冷静に対応したい。人を見る目も、感情を交えず冷静に見たい。人の話もときに誇大であったり、事実が歪曲されていることもあって冷静に聞きたい。事を処する場合も情に流されず冷静かつ沈着に対応したいし、道筋をつける場合も冷静な心で考えたい。

組合役員なる者は、人を見るとき、人の話を聞くとき、物事に対応するとき、物事を考えるときは、感情を抑制して冷静でなければならない。

故事曰く、「冷眼にて人を観《み》、冷耳《れいじ》にて語を聴き、冷情にて感に当たり、冷心にて理を思う」〈前集203〉

【訳文】冷静な目で人物を観察し、冷静な耳で人の言葉を聞き、冷静な情で事物に触れて感じ、冷静な心で道理を考える。

69 心なごやかに、気持ち平静に保つ

組合役員には、いろいろなタイプのリーダーがいるが、総じていえばせっかちで粗雑な人には不向きのようである。組合員の苦情処理に親切丁寧に応じたり、立場の異なる労使が折衝や協議を重ねるとき、熟慮したり苦

渋の決断を求められることがままあるが、心が粗雑であってはなかなか事が進まないようである。

逆に、どんなに苦しい立場におかれても、状況がいかに大変な局面にあっても、心を和やかに、気持ちを平静に保てる人は立派な指導者として成功する要素を持ち合わせている人である。またそういう人は組合活動においても信頼を得られる人である。

このように組合役員なる者は、心和やかに気持ちは平静に日々努めることが求められるのである。

故事曰く、「性燥《そう》に心粗《そ》なる者は、一事も成ることなし。心和し気平らかなる者は、百福自《おのず》から集まる」〈前集206〉

【訳文】性質がせっかちで心の粗雑な者は、たとえ一つの物事でも成し遂げることがむずかしい。（これに反し）心がなごやかで気持ちが平静な人には、多くの幸いが自然に集まってくる。

70 人を使うには愛情をもって

組合役員で、それなりの役職につくと、日常活動において人を使うという立場になる。人を使うということは、これまた簡単ではない。労働組合活動を担うという目的意識は同じでも、そもそもそれぞれの職場から選ばれた役員であって、完全に気心が通じ合えているかというとそうではない。したがって人間関係に悩むということもまま起こり得る世界なのである。

会社組織においても、やたら厳しいだけの上司がいる。部下に大声で叱責して、部下の心の痛みを理解できないでいる上司もいる。組合の世界も同じだが、組合役員なる者は部下には厳しくとも愛情を持って接するべきである。そのことが部下と上司の心を通わせ、上司が困っているときでも部下は骨を折って支援してくれるのである。

また組合役員となると、交友も限りなく広がるものである。会社の職場にいれば仕事上の付き合いだけであるが、組合役員となると各層の人々と全方位にまたがる交友関係が出来上がる。他社や他産業の労働組合役員とも交友関係が結ばれることになる。ただし、だれとでも付き合えばいいというものではない。そういう姿勢でいると、利用してやれと思う人間が接近してくることも起こり得る。

組合役員なる者は、人と交わるには、よく相手を選ばなければならない。

故事曰く、「人を用うるには、宜《よろ》しく刻《こく》にすべからず、刻なれば則ち効を思う者も去る。友に交わるには、宜しく濫《らん》にすべからず。濫なれば則ち諛《ゆ》を貢する者も来たる」〈前集207〉

【訳文】人を使うには、厳しすぎてはならない。厳しすぎると、せっかく、骨を折ろうと思う者までも去ってしまう。友と交わるには、みだりに交わってはならない。だれとでも交わると、お上手を言う者までもやって来る。

71 人にはやさしく、自らにはきびしく

人に過失があった場合、叱責するにもその方法がある。人前で大声を張り上げて叱ればいいというものではない。過失があったとしても、その過失を真正面から槍玉に上げて追及することは避けなければならない。そういう叱り方をすれば、叱られる方も反撃したり言うことを聞くどころか反発するばかりである。

また、自分自身の過失や誤りに、おおらかであってはならない。人のミスに厳しくわがミスには甘いというのでは、周囲の信頼は得られない。むしろわが過失こそ、それがどんなに小さくとも厳しく責めることが重要である。自らの過ちをしっかり省みることによって、それが次への成長の糧となるし、人間として指導者として人格者となり得るのである。

よって組合役員なる者は、人の過失には温かい目で見てやることが大切であり、自分自身に対しては、例え過失がないと思っても、過失を探し出して省みるくらいの姿勢が求められるのである。

故事曰く、「人を責むる者は、無過《むか》を有過の中に原《たず》ぬれば、則ち情平らかなり。己を責むる者は、有過を無過の内に求むれば、則ち徳進む」〈前集218〉

【訳文】人を責める者は、過失がない点を過失がある中から尋ね求めるようにすれば、責められる人の心中に不満が起きない。（これに反し）、己を責める者は、過失のある点を過失のない中から反省するようにすれば、責める自分の修行に向上がある。

72　すべては心の持ちようだ

組合役員として活動するようになると、忙殺の日々を送ることになる。組合活動は定期大会で決定した運動方針に基づく年間活動計画なるものはあるが、会社組織と違って作業計画の策定や工程管理が明確に行われるものではない。組合員からの相談や苦情処理など突発的な業務もあれば、会社との交渉や折衝は、なかなか思い通りには進まないものである。よって、休日が会議で潰れることもあれば、徹夜で作業するということもまま発生することになる。組合役員が多忙であるというのは、一種の職業病なのかもしれない。しかし、忙しい忙しいと言いながら、よくよく考えれば自分自身で忙しくしているところもあるようであり、慌ただしいとの思いは業務のせいではなく、慌ただしいと思う自分自身の心の持ちようであることが多いようである。

組合役員なる者は、気ぜわしいとか、あくせくしているなどというのは、本人の心の問題であって、時は長久なものであり、天地は限りなく広大であるということをあらためて認識したいものである。

故事曰く、「歳月は本《もと》長くして、忙《いそが》しき者自《みず》から促《うなが》す。天地は本寛《ひろ》くして、鄙《いや》しき者自から隘《せま》くす。風花雪月は本閒《かん》にして、労攘《ろうじょう》の者自から冗《わずらわ》しくす」〈後集4〉

【訳文】歳月は、元来、長久なものであるが、気ぜわしい者が、自分自身でせき立てて短くする。天地は、元来、広大なものであるが、心ねの卑しい者が、自分自身で狭くする。（方々に不義理を重ねたりして）。春は花、夏は涼風、秋は月、冬は雪と四季折々の風雅は、元来、のどかなものであるが、あくせくする者が、自分自身で煩わしいものとしている。（すべて、その人の心の持ち方によるものである）。

73　協約・規約の条文の精神を読む

労働組合役員となると、労働協約や組合規約は必読の書ではあるが、その条文や文言を読んで知識を得たと思うのは間違いである。読まないより読む方がましではあるが、文字づらだけを読んで理解したと考えるのは早計である。時代に則して改定が加えられてきたその背景や、個々の事例について判断されてきた適用事例、そして具体的運用を巡って何度も何度も協議されてきた折々の解釈といったものは、そこに定められた条文以上に重いものである。文字では表現できない、相互信頼に基づく運用の妙というのも背後にある。

組合役員なる者は、文字だけを読んで学習したと満足していてはいけない。むしろその条文を定めることになった事情や背景、さらには文言の背景にある深い先人の思いこそ学ばなければならないのである。

故事曰く、「人は有字の書を読むを解して、無字の書を読むを解せず。有絃《ゆうげん》の琴《きん》を弾ずるを知りて、無絃の琴を弾ずるを知らず。迹《あと》を以て用いて、神《しん》を以て用いず、何を以てか琴書の趣を得ん」〈後集8〉

【訳文】世人は文字を用いた書物を読むことだけを知って、文字では書き表せない書物を読むことを知らない。また、有絃の琴を弾くことだけを知って、無絃の琴を弾くことを知らない。(これは皆、文字や絃の形にとらわれているからで、それらによって表現される真理や音律を理解する精神を所持していないからである)。形だけにとらわれて、この精神を用いようとしないで、どうして琴書の趣を会得することができようか。

74 権勢に服従せず、安らかさを住み家とする

組合役員となると、大なり小なり組織内には勢力図があることを知ることになる。また対外の勢力争いに、不本意ながら巻き込まれることにもなる。このようなとき教訓としては、権力の強いものに従属してはならないということであり、威勢がいいからといって加担してはならないということで

ある。なぜなら権力の強いものが失脚したときや権力の座から脱落したときは、それを支持したことによる災いは誠に悲惨であって、報いも早くやってくるからである。一時の権力の強弱に飲み込まれずに、安らかさを住み家とする方が、淡白ではあるが永続きする。

組合役員なる者は、強者であるからといった単純な理由で味方についてはならない。強者が弱者となったとき、大きな悲哀を被るのはわが身である。威勢がいいとか地位が高いから軍門にくだるといった人生態度の災いは、時に悲惨な状況を招くものであるということを心しておかなければならない。

故事曰く、「炎《えん》に趨《はし》り勢に付くの禍《わざわい》は、甚《はなは》だ惨にしてまた甚だ速やかなり。恬《てん》に棲《す》み逸を守るの味《あじ》わいは、最も淡にしてまた最も長し」〈後集22〉

【訳文】権力の強い者に従い、勢力の盛んな者に付くという人生態度のわざわいは、(権勢の座から失脚したとき、当然であるが)、非常に悲惨なものであり、またその報いも非常に早い。(これに反し)、心の安らかさを住み家とし、気楽な生活を守るという人生態度の味わいは、(一時的な濃厚さはないが)、きわめて淡白であり、またその楽しみも最も永続きするものである。

75 不幸を思い浮かべ、惑いを断つ

組合役員も普通の人間であるから、欲求が頭をもたげたり欲望が襲ってきたりすることが往々にして起こる。しかし、欲求や欲望のまま振る舞っていては、組織の指導者としては務まらないから、日々わき上がってくる欲望や欲求と絶えず格闘することになる。欲求や欲望が高まってきたとき、それを沈静化させるには、死や病気になったときのことを連想するのが良い。不幸になったときのことを思い浮かべれば、欲望などは興ざめて冷めてしまうに違いない。

組合役員なる者は、色欲名利のごときに惑わされてはならない。このような惑いに負けると、組合役員としての尊い職務に害となって、自らの身

を滅ぼすだけではなく、歴史と伝統のある労働組合組織そのものの信頼を失することになる。惑いを断って、組合活動に専心邁進することを誓い合いたい。

故事曰く、「色欲は火のごとく熾《さか》んなるも、而《しか》も一念、病時に及べば、便《すなわ》ち興は寒灰に似たり。名利は飴《あめ》のごとく甘きも、而も一想、死地に到れば、便ち味は嚼蠟《しゃくろう》の如し。故に人常に死を憂え病を慮《おもんぱか》らば、また幻業を消して道心を長ずべし」〈後集24〉

【訳文】色欲は火のように燃えさかるものであるが、その時、ひとたび病気のときのことを思い浮かべたならば、たちまちその欲望も興ざめて、冷えた灰のようになるであろう。また、名利はあめのように甘いものであるが、その時、ひとたび死ぬときのことを思い浮かべたならば、たちまち、その欲望も興ざめて、ろうをかむように味気なくなるであろう。そこで人間としては、常に死ぬときのことを思い、病気のときのことを忘れなかったならば、色欲名利のごとき仮幻のしわざに惑わされることもなく、求道の心を持続することができる。

76 撤退する勇気を持ち合わせる

労働組合の指導者として、最も苦悩するのは労使協議を尽くすも、労使の合意点を見い出せず、実力行使を構えるときではないだろうか。会社にストライキ通告をして、大詰めの折衝を展開するも、なお労使の溝が埋まらない場合、やむなくストライキを行使することになる。当然、そのような場合、組合員も燃えているわけだから、職場の盛り上がりは最高潮に達していよう。労働組合運動は大衆運動であるから、職場組合員の意向を踏まえ、会社に要求し協議を尽くすも、なお組合主張が実現しない場合、最終決断としてストライキの決行を決断することはもちろん正しい。しかし、組織した闘争が会社・経営側という相手がいる限り、組合が指導する闘争が必ず成功するとは限らない。いや、労使紛争の歴史をたどれば、敗北事例の方が多いのである。

よって組合役員なる者は、勢いに任せて突撃することだけを考えていてはいけない。成功すればそれはそれで幸せなことではあるが、ストライキが失敗したときの組織への打撃をもしっかり計算した上で、どうこの闘争を集約していくのか、組合員の燃えたぎる情熱を敗北感なしにどう収拾するのかを、しっかり読み切っておくことこそが大事なのである。ときに正義ある争議でも展望なき場合は、それが組合員の声に反していても、一歩退くという勇気を持ち合わせなければならない。真に勇敢なる指導者は撤退する勇気をも持ち合わせているのである。

故事曰く、「歩を進むるの処《ところ》、便《すなわ》ち歩を退くを思わば、庶《こいねが》わくは藩《まがき》に触るるの禍《わざわい》を免れん。手を着くるの時、先ず手を放つを図らば、纔《わずか》に虎に騎《の》るの危きを脱《のが》れん」〈後集29〉

【訳文】処世に当たっては、一歩ふみ出すところで、そこで一歩退く算段をしておけば、なんとか、向こう見ずに進んだ雄羊が垣根に角を突っこんで進退きわまるような、災いを免れられるであろう。また、事業に当たっては、いざ着手するときに、まずその事業から手を引くときの工夫をしておけば、それでこそ騎虎の勢いでみすみす陥るような、危険を逃れられるであろう。

77 名声を求めず、事を起こさず

組合役員も人間であるから、地位や名声をほしいままにしたいという欲望がある。しかしそのような欲望を、周りの人たちにつまびらかにするような人は、名声などからはできるだけ逃れようとしている奥ゆかしい人には、とても及ばないものである。地位や名声を得たところで、それが組合役員としてどれほどの価値があるというのだろうか。

またいろいろ苦心して策を練ったり、世渡りの術などというものを駆使しようと耽々とねらっている人がいるが、そのような余計なことには目もくれず、ゆったりと構えている人には、とても及びはしないということである。

組合役員なる者は、名声を組織の内外に誇るのは、名声などからはとにかく逃れようとする人には及ばないこと、何か事をたくらむということは、できるだけ余計な事をせずに、すまそうとしている人にはとうてい及ばないということを心したい。

故事曰く、「名に矜《ほこ》るは、名を逃るるの趣《おもむき》あるに若《し》かず。事を練《ね》るは、何ぞ事を省くの間《かん》なるに如《し》かん」〈後集31〉

【訳文】名声を世に誇るのは、できるだけ名声を逃れることの奥ゆかしさには及ばない。また、ものごとに練達になるよりは、できるだけ余計なことを減らすことの方が、はるかに余裕がある。

78　平凡・平易こそ最高なのだ

組合役員として心することとは、何事に対しても自然体で臨むということである。コミュニケーションを行うにしても、脚色したり言い回しなど考える必要もないし直截的であって良い。文章を書くということについても修飾するとか技巧に走る必要は何もなく、思いのまま自然に表現するのが良いとされている。行動パターンにおいても演出とか演技はいらないし、意のまま素直に行動することが良い。最良の道は平凡の中にこそあり、最善の道は平易なことの中から見い出せるのである。

組合役員なる者は、組合活動を推進するにあたっては、何事もありのまま行うということを心すべきであって、策を練る必要もなければ、戦略を駆使することもない。自らの言動もことさら糊塗したり強弁する必要もないし、筆を持っても意のまま素直に書き綴れば、それこそが最上のものである。

故事曰く、「禅宗に曰く『饑《う》え来たりて飯を喫し、倦み来たりて眠る』と。詩旨に曰く、『眼前の景致、口頭の語』と。蓋《けだ》し極高は極平に寓し、至難は至易《しい》に出で、有意の者は反って遠く、無心の者は自《おのず》から近きなり」〈後集35〉

【訳文】禅の極意を説いて言う、「腹がへれば飯を食い、腹がくちくなれば眠る」と。また、詩の極致を説いて言う、「ただ目前の景色を写し、ふだん用いる言葉で述べる」と。思うに、（禅において）、最も高遠な道は、最も平凡なことの中に宿っており、最も至難な理は、最も平易なことの中から出てくる。また、（詩において）、ことさら意を用いたものは、反って真実に遠ざかり、無心なものの方が、反って自然と真実に近いものである。

79　心を落ち着かせる

組合役員の心構えとして大切なことは、どんなにピンチとなっても、いかに追い込まれようとも、決して心の落ち着きを失わないことである。心の落ち着きを失うと、見えざる影が忍びより、その影におびえることになる。おびえると平常心をなくし、弱気となって不安に苛まれる。逆に、どのような事態に立ち至っても、心の落ち着きを持っていると、いかなる脅威や圧力に対しても勇気と自信を持って、堂々と立ち向かっていくことができるのである。

組合役員なる者は、心が動揺していると見えるものすべてが殺気だったり脅威に映るが、心に落ち着きがあると何も恐れるものがなくなり、例え強敵であってもわが手中におさめられるということを知っておきたい。

故事曰く、「機動く的《もの》は、弓影も疑いて蛇蝎《だかつ》となし、寝石も視て伏虎《ふくこ》となし、此の中《うち》、渾《すべ》て是れ殺気なり。念息む的《や》は、石虎も海鷗《かいおう》と作《な》すべく、蛙声《あせい》も鼓吹《こすい》に当《あ》つべく、触るる処《ところ》倶《とも》に真機を見る」〈後集48〉

【訳文】心が動揺している者は、弓の影の映るを見ては蛇《へび》かと疑い、草むらに横たわる石を見ては伏した虎《とら》かと見違える。そこには、見るものすべてが殺気に満ちている。（これに反して）、心が落着いている者は、暴虐な石虎のような男をも、海のかもめのように柔順にさせることができ、騒がしい蛙《かわず》の鳴き声をも、つづみや笛のように美しい音楽として聴くことができる。そこには、触れるものすべてが真実なはたらきを現わす。

80　地位が高くなるとつまずきやすい

組合役員となると、組合員の代表として選出されたわけであり、そのポストが何であれ、指導者としての地位に着くことになる。組合幹部の立場となれば、ときどき自分自身の実力だと誤解する者がいる。周囲の支援や支持があったからこそ、今、組合の役員に就任しているのだということを忘れている。また、組合幹部となれば何でも自由にやりたいことができると勘違いしている者がいる。組合員の理解と協力が何より必要なことを見逃しているのである。

組合役員なる者は、職場の一人の組合員でいたときよりも、すべてが思い通りになるなどと誤解してはならない。わがままであってはならないし、思いのまま好き勝手に振る舞ったり、悪行に手を染めたり、軽率な発言で顰蹙《ひんしゅく》をかうなどしてはならない。つまらないことでつまずかないようくれぐれも用心しなければならない。

故事曰く、「多く蔵する者は厚く亡《うしな》う、故に富は貧の慮《おもんぱかり》なきに如《し》かざるを知る。高く歩む者は疾《はや》く顚《たお》る、故に貴は賤の常に安きに如《し》かざるを知る」〈後集53〉

【訳文】財産の多い者は、莫大な損をしやすい。だから金持よりは貧乏人の方が、失う心配もなくてよいことがわかる。また、地位の高い者は、つまずき倒れやすい。だから身分の高い者よりは身分のない庶民の方が、(つまずく心配もなく)、いつも安心していられてよいことがわかる。

81 盛んなときに衰えを思う

組合役員は、今は組合役員として第一線で活躍しているとしても、いずれ職場に復帰し、やがて職業生活からリタイアするときが来る。現役で元気に活躍しているときには、出世欲も大いにあれば、名誉欲を追い求めたいという心もあながち否定することはできないが、冷静に一歩身を引いて退任したときのことを考えれば、功名をはせたいとか名誉を得たいなどということが、いかにばかげた欲望であるかを知ることになる。また、ぜいたくしたいという欲求が頭をもたげてきても、わが身が落ちぶれたときの気持ちで、豊かな生活を眺めれば、ぜいたくしたいなどという欲求そのものを断ち切ることができるはずである。

組合役員なる者は、現役で多いに活躍しているときに、現役を退いたときのことを思い浮かべ、充実して元気なときにこそ、衰えて弱くなったわが身を思う、そのような姿勢で日々の生活を営み職務に励みたいものである。

故事曰く、「老より少を視れば、以て奔馳角逐《ほんちかくちく》の心を消すべし。瘁《すい》より栄を視れば、以て紛華靡艶《びれい》の念を絶つべし」〈後集57〉

【訳文】老年になったときの心持ちで若い者をながめれば、互いに駆けまわり追い争っている功名を求める心持を、消すことができよう。また、落ちぶれたときの気持で栄えている暮らしをながめれば、うわべだけのはなやかな栄華を求める気持を、絶ちきることができよう。（人は年少にして老後を思い、盛んな時に衰えた後を思うべきである）。

82　多忙なときこそ、冷静な目をすえる

組合役員は日々、多忙な毎日を送る。多忙であることは喜びであり、過密なスケジュールも気にはならない。予定がなく暇にしているよりも、多忙な方が充実しているから不思議である。しかし忙しい時こそ、忙しさにかまけないで、冷静に見つめる一時を大事にしたい。多忙でも一時のこの冷静な視点が、後々に救いとなる。

同様に、不景気に苦しみ抜いているときでも落ち込んでいないで、一時の情熱を失わないことである。そうすればやがて未来は開ける。組合役員なる者は、多忙な時こそ多忙さにかまけないで、冷静な目で対処したいものである。また、例え落ちぶれた時にも、落胆したり沈み込んだりせずに熱情をもって対処したいものである。そうすれば誠の心の味わいを得ることができるのである。

故事曰く、「熱鬧《ねっとう》の中《うち》に一冷眼を着《つ》くれば、便《すなわ》ち許多の苦心思を省く、冷落の処《ところ》に一熱心を存すれば、便ち許多の真趣味を得《う》」〈後集59〉

【訳文】目まぐるしく多忙な時に、(のぼせ上らずに)、一点の冷静な目をすえておれば、それで多くの苦しい思いをしないですむ。(これに反し)、不景気になったところで、(沈みこんだりせずに)、一点の熱情を存しておれば、それで多くのまことの趣を味わうことができる。

83　惑わされず、自然に委ねる

組合役員の心得として大切なのは、自分では何ともし難い外的要因については、あまりとらわれたり惑わされてはならないということである。日々の職務において、疑問に思ったり不合理を感じることがあるが、疑ってかかったり疑問視すると、なお限りなく疑念がわき起こるものである。しかし、いくら不合理を感じるからといって、その不合理さに対して抵抗しても、なかなか事態は解消しないし、外的要因が取り除かれるわけでもない。だからあまり不合理な雑事に惑わされず、ときに忘れて自然に身を委ねることが、この労働組合の世界を歩む者には合っているようである。

組合役員なる者は、魚が水の存在そのものを認識していないように、また鳥が空に風のあることを意識していないように、道理を悟って惑わされることがなくなれば、組合の役員としての役目も、苦労ばかりさせられているといった悩みそのものを超越することができるというものである。

故事曰く、「魚は水を得て逝《ゆ》いて、水に相忘れ、鳥は風に乗じて飛んで、風あるを知らず。此《こ》れを識《し》らば、以て物累《ぶつるい》を超ゆべく、以て天機を楽しむべし」〈後集68〉

【訳文】魚は水を得て泳ぎまわり、いかにも自由で、水のあることも忘れているし、鳥は風に乗って飛びまわり、いかにも自在で風のあることも忘れている。人もこの道理を悟れば、(世の中を泳ぎまわり飛びまわって、しかも世の中を忘れることができれば)、外物に煩わされることから超越することもでき、自然の妙《たえ》なるはたらきを楽しむことができるであろう。

84 進退は軽々に口にするべからず

組合役員を生業としている人には関係ないが、日本の組合役員は企業籍を有している役員が一般的である。きっと企業内組合という日本特有の組織形態がそうさせているのだろう。組合役員である期間の長短は人それぞれではあるが、政治家と同様にその進退は重い決断を要する。重要な役職に長く居座ると弊害を生む土壌を形成しやすいし、かといってあまりにも短期な務めでは責任を果たせない。

進退は潮とか風を読むということが重要である。潮とか風は世論と言い替えることができるが、潮とか風に逆らうと、周囲の役員や組合員は、その役員の人格を疑うことになる。世論に反してその役職にしがみつけば、過去の栄達をも失うことになるから、進退はくれぐれも用心しなければならない。

また進退は、早々に口にしない方が賢明である。進退などというのは状況によって一変するし、そもそも進退などというものは明確な筋書きなどというものはないのであって、「辞める」といっておきながら残らなければならないときや、「やる」といいながら降りるなどといったみっともないことが往々に起こるから、特に慎重でなければならない。

組合役員なる者は、進退を軽々に口走ってはならないということである。

故事曰く、「寵辱《ちょうじょく》、驚かず、閒《しずか》に庭前の花開き花落つるを看《み》る。去留、意なく、漫《そぞろ》に天外の雲巻き雲舒《の》ぶるに随う」〈後集70〉

【訳文】名誉を得ても恥辱を受けても、ともに心を驚かすことをしない。あたかも、心静かに庭さきの花が開いたり散ったりするのを眺めているように。また、地位を去ることもとどまることも、ともに意にかけることをしない。あたかも、なんとなく大空の雲が巻いたり延びたりするように。（運命の自然に随順する）。

85　成功をあせる気持ちを消す

組合役員として就任したとき、組合役員としての成果を性急に求めたり、成功を焦ってはならない。組合員の代表として選出されたわけであるから、その期待に早く応えたいとか、早く自分が手掛けた成果物を生み出したいという思いがあろうが、しかし、ここはじっくりと構えてパワーを蓄積したいものである。気持ちは急《せ》いても、中途半端な実力で成功を焦っても、成果物は結局、中途半端な結果となってしまう。

組合役員なる者は、例え新人であっても即戦力として期待されてはいるが、はやる気持ちを抑えて実力を養うこともまた大切であり、先行しても途中で息切れしないような体力や気力を充実させることも重要である。

故事曰く、「伏すこと久しきものは、飛ぶこと必ず高く、開くこと先なるものは、謝すること独り早し。此れを知らば、以て蹭蹬《そうとう》の憂いを免るべく、以て躁急《そうきゅう》の念を消すべし」〈後集77〉

【訳文】鳥の中でも、長く伏せていて力を養っていたものは、いったん飛び上がると、必ず外の鳥よりも高く飛び、また、花の中でも早く花を開いたものは、必ず外の花よりも早く散る。この道理をわきまえておれば、中途であし場を失ってよろめく心配を免れることもでき、また、成功をあせる気持を消すこともできる。

86　気力充実で、人生の妙味を味わう

組合役員としての役職を全うしようとすると、気力の充実が何より求められる。ときに会社との協議がうまくいかなくとも、気力が充実していれば落ち込むことはないし、組合活動が壁に阻まれてうまくいかなくても、気力さえ充実していれば落胆することはない。障害があっても、事がうまく進まなくても、

また、仲間との軋轢があったとしても、気力さえ充実していれば、次へのチャレンジ精神もわいてくるし、組合活動も充実したやりがいのあるものとなる。

組合役員なる者は、どんなに不遇でつらい立場であっても、気力が充実していれば素晴らしい人生であると実感するであろうし、例え事がうまく運ばず悩み多くあろうとも、気力さえ充実していれば、不満の愚痴も出ないものであり、何事も心の持ちようで気力次第であることを心しておきたいものである。

故事曰く、「神酣《しんたけなわ》なれば、布被《ふひ》の窩中《かちゅう》にも、天地冲和《ちゅうわ》の気を得《う》。味わい足《た》れば、藜羹《れいこう》の飯後にも、人生澹泊《たんぱく》の真を識《し》る」〈後集88〉

【訳文】気力が充実しておれば、たとい布で作った粗末な夜具にくるまる貧乏暮らしの中でも、天地の生気を十分に吸収することができる。また、うまいと思っておれば、たといあかざのあつものを吸う粗末な食事の後でも、人生のあっさりとした妙味を十分に味わうことができる。

注：あかざのあつもの〈藜羹〉＝あかざの吸い物。粗食に例える。

87　拙こそ上達の道

組合役員は、ありのまま、思いのまま、自然のままという、拙の一字の含蓄ある意味を心したい。文章を作るにも、あまり技巧を凝らさず、自然に素直に心に思ったままを書くことによって文章は上達するように、組合活動においても、策を練ったり戦略を駆使したりするのではなく、真正面から正攻法で取り組むことが、組合活動の本道を歩み、充実した意義のある組合活動を推進することになる。何事も拙こそ上達の道であることを心したい。

組合役員なる者は、計略に走って策に溺れ、取り返しのつかない失敗をしたり、演出に懲りすぎて逆に何の変哲もないつまらないイベントにしないためにも、自然体でありのままを良しとしたい。

故事曰く、「文は拙《せつ》を以て進み、道は拙を以て成る。一の拙の字、無限の意味あり。桃源《とうげん》に犬吠《ほ》え、桑間《そうかん》に鶏《とり》鳴くが如きは、何等《なんら》の淳龐《じゅんろう》ぞ。寒譚《かんたん》の月、古木の鴉《からす》に至っては、工巧の中に、便《すなわ》ち衰颯《すいさつ》の気象あるを覚ゆ」〈後集94〉

【訳文】文を作る修業は拙を守ることで進歩し、道を行なう修養は拙を守ることで成就する。この拙の一字に限りない意味が含まれている。「桃の花咲く村里で犬がほえ、桑ばたけの間で鶏が鳴く」などというのは、なんとすなおで味わいのある文章であろう。これに対して、「深く澄んだ淵《ふち》に映る月影、枯れ枝に止まっているからす」などというのは、（配合の妙は）いかにも巧みではあるが、かえって生気のない寂しい趣を感じる。

88 前例や慣例にとらわれるな

労働組合は伝統と歴史を有す。厳しい熾烈な市場競争のなかで舵取りされる会社経営と違って、批判や抵抗勢力とされる労働組合組織は、その手法や運営において、その組織の伝統や歴史が存在する。会社経営の方がよほど革新的で、労働組合は極めて保守的であるといわれる所以でもある。故に労働組合組織の運営において形式的であったり、慣例に流されるということが多くなる。よほど気を付けないと惰性に陥ってしまう。前例や慣例に従うのは易しい。しかし、そこには発展がない。伝統や歴史を大切にすることと、前例や慣例を重んじることとは、全く異質なものである。組合役員は心して、日々改革に努めなければならない。前例や慣習に身を委ねていないか、絶えず点検する姿勢を持ちたい。最も恐れるべきは前例や慣例を説得の材料にしたり、弁解の道具に使うことである。
組合役員なる者は、前例や慣例にとらわれず、形式主義とも決別しよう。

故事曰く、「幽人の清事は総《すべ》て自適に在り。故に酒は勧《すす》めざるを以て歓と為《な》し、棋《き》は争わざるを以て勝と為し、笛は無腔《むこう》を以て適と為し、琴《きん》は無絃を以て高しと為し、会は期約せざるを以て真率《しんそつ》と為し、客は迎送せざるを以て坦夷《たんい》と為す。若《も》し一たび文に牽《ひ》かれ迹《あと》に泥《なず》まば、便《すなわ》ち塵世《じんせい》苦海に落ちん」〈後集97〉

【訳文】山人の風流ごとは、すべてわが心にかない悠々自適にするのが大切である。そこで、酒はむり強いしない方が歓を尽くし、碁はけんか碁でなく争わない方がすぐれていて、笛は音律のない方がよく、琴は無絃の方が高尚で、会合は日時を約束しない方が飾りけがなく、お客は送り迎えしない方が気楽である。そうではなくて、もし世間並みに形式にこだわり慣例にとらわれ出すと、それこそ、せっかくの風流も浮世の苦海に逆もどりしてしまう。

89 先見の明で、卓見を持つ

組合役員であれば、先見の明を持たなければならない。労使関係がぎくしゃくするようになってから、労使関係が安定していることのありがたさを実感したり痛感するようではいけないし、会社経営が危機に陥ってから、会社が健全であることの重要性を理解するようでは先見の明があるとはいえない。非常事態を招いてから、焦ったり悔やんでみても後の祭りである。しっかりと将来を見据え、危険を予知し、必要な手段を講じておくことが大切なことなのである。

組合役員なる者は、今は労使関係が安定しておりストライキを決行する必要がないからといって、闘争への備えを怠ってはならないし、組織内に紛争が起きていないからといって地道な組織強化の取り組みを疎かにしてはならない。日々、先見性を持って対応することが卓見ある組合役員なのである。

故事曰く、「病に遇《あ》いて後に強の宝たるを思い、乱に処して後に平の福《さいわい》たるを思うは、蚤《そう》智《ち》にあらざるなり。福を倖《ねが》いて先《ま》ず其の禍《わざわい》の本《もと》たるを知り、生を貪《むさぼ》りて先ず其の死の因たるを知るは、其れ卓見なるか」〈後集99〉

【訳文】病気にかかってから健康のありがたさに気がつき、戦乱になってから平和の幸いなことに思いつくのは、先見の明がある人とは言えない。（これに対し）、幸福を願い求めはするが、まずそれがわざわいの本であることを知っており、また、ぜひ長生きをしたいと願い求めはするが、（不老長寿の仙薬を飲むなどして）、まずそれが死を早める原因にもなることを知っているのは、本当に卓見を持った人と言える。

90　常にネクタイを外して現場に行こう

組合役員として職場組合員と向かい合っていると、問題や課題によっては緊張感が起こり、組合員との距離を感じるときがある。本来、組合役員は組合員の代表として活動しているわけだから、職場組合員と苦労を分かち合うなかで理解が深まり共感し合えればいいのだが、なかなか思うにまかせないときがある。組合役員は組織の代表として、課題を集団的に取り扱うことになるが、個々の組合員はわが身の課題ということで個別的に判断することになる。集団としての利益が、組合員個人の利害と一致しない場合も度々あって、ここに組合活動の難しさがある。

このような場合、ただ一人、組合事務所で悩みがちになるのだが、思い切って職場組合員の輪の中に飛び込むことである。背広を脱いでネクタイを外して現場に入ろう。職場や現場での意見交換が、課題解決のための大きなヒントを得たり、組合員の理解と共感を得ることとなって、思わず展望が開け視野が広がることがある。

組合役員なる者は、うまくいっているときでも、悩み多いときでも、常に現場に行こう。組合員の輪に入って意見を交わそう。その中に組合員との連帯が生まれ、よりきずなを深めることになるのである。

故事曰く、「興、時を逐《お》うて来たりて、芳草の中《うち》、履《くつ》を撒《はな》して閒行《かんこう》すれば、野鳥も機を忘れて時に伴《とも》をなす。景、心と会して、落花の下、襟《えり》を披いて兀座《こつざ》すれば、白雲語るなく漫《そぞろ》に相留《あいとど》まる」〈後集108〉

【訳文】興味がのってきた時、かぐわしい草むらの中を、くつを脱いで静かに散歩すると、野鳥も警戒心を解いて、時には連れになる。また、景色が心にぴったりした時、散る花の下で、えり元をくつろげつくねんと座っていると、白雲は語らないが、ゆったり流れてきてわがそばに止まる。

91　人事を尽くし、天命を待つ心

組合役員となって実感することであるが、組合活動や組合業務は易しくない。労使関係は立場の違う経営側と労働者側のせめぎ合いの中で、労使という機微な関係もあってなかなか手強いものである。また、労働組合運動は大衆運動であり、組合員一人ひとりの苦情処理や、職場組合員を組織して運動目標を達成していくプロセスには、日々苦難の連続であろう。しかし、決してあきらめたり、途中で投げ出してはならない。継続が力なり、ということもある。ギブアップは易しいが、それまでの努力や苦労が水泡に帰す。結果を信じて、歯をくいしばって何度も何度も繰り返すことで、思わず結果がついてくることもある。困難にくじけず、チャレンジし続けることで展望が開けることもある。

組合役員なる者は、どんなにつらくとも困難に直面しても、正しいと信ずる道は歩み続けることが大切である。そして後は、その努力を信じて結果を待とう。

故事曰く、「縄鋸《じょうきょ》も木断《た》ち、水滴《すいてき》も石穿《うが》つ。道を学ぶ者は須《すべか》らく力索を加うべし。水到《いた》れば渠《みぞ》成り、瓜《うり》熟せば蔕《へた》落つ。道を得る者は一に天機に任《まか》す」〈後集110〉

【訳文】つるべ縄も長い間には、のこぎりと同じく井げたの木を切るし、あまだれも久しい間には、石に穴を開ける。これによっても道を学ぶ者は、努めてねばり強く求める心がけを持つべきである。また、水が流れて来ると自然にみぞができ上がり、うりが熟すと自然にへたが落ちる。これによっても道を悟る者は、全く天の妙機に任せてその時期を待つべきである。

92　心は大きく広く持とう

労働組合活動を推進していると、時に気に食わないとか、面白くないとかといった感情が芽生えることがある。特に、曲がったことの嫌いな性格の人や正義感のことさら強い人には、労働組合の世界は割り切れないということになるのかもしれない。なぜなら労働組合運動はとかく慣例や前例に重きを置かれることがあるからである。疑問を投げかけても、前からこうなんだよとか、今までこうやってきたんだ、ということで済まされてしまうので、不合理な世界と感じることもあるだろう。誤解を恐れずにいえば、少々の不合理さは許してしまう度量の広さ、心の大きさといったものを持ち合わせてほしい。ルーズであっていいということではないが、仔細にこだわり過ぎると、他人には何でもないことが、とても心に重くのしかかり負担になる。

組合役員なる者は、執着心を解きほぐし、こだわりを捨てる心の広さ、大きさといったものも大切なのである。

故事曰く、「心曠《ひろ》ければ則ち万鍾《ばんしょう》も瓦缶《がふ》の如く、心隘《せま》ければ則ち一髪も車輪に似たり」〈後集115〉

【訳文】 心が広ければ、(物に執着しないので)、万鍾の高禄も素焼のほとぎのように軽く感じる。(これに反して)、心が狭いと、(物に執着するので)、髪の毛一すじほどのことも大きな車輪のように重く感じる。

注:万鍾の高禄=万貫の重みのもの、ほとぎ=瓦器。価値のほとんどないものにたとえた。

93 喜びも悲しみも共に忘れる

組合役員となると、活動が思い通りに事が進めば喜びであるし、険しい壁にあたれば苦しくつらいものである。しかし、物事は考えようである。会社との協議が決裂して、不幸にもストライキとなっても、そのことにより組合の団結力が強まり、組織の求心力が高まれば喜びとなる。会社業績が良くて賃金や一時金が上がって喜んでいても、その翌年には会社経営が存亡の危機に陥る不幸だってある。よって喜びも束の間で悲しみとなるし、悲しみも喜びとなり得るのだから、あまり悲嘆にくれたり喜びで大騒ぎするよりは、共に忘れることの方がよい。

組合役員なる者は、組合活動を通じて喜怒哀楽を味わうことになるが、「禍を転じて福となし、敗に因りて功となす」こともある。よって不幸はやがて幸福となることもあるわけで、禍を嘆く必要もないし、喜びは次の瞬間に悲しみとなることもあるので喜んでばかりいられないということである。

故事曰く、「子生まれて母危く、鏹《きょう》積んで盗窺《うかが》う、何の喜びか憂いにあらざらん。貧は以て用を節すべく、病《やまい》は以て身を保つべし、何の憂いか喜びにあらざらん。故に達人は、当《まさ》に順逆一視して、欣戚《きんせき》両《ふた》つながら忘るべし」〈後集120〉

【訳文】子どもの生まれるときが母親の命の危機であり、お金がたくさんたまると盗人にねらわれる。このように、どんな喜びごとも心配の種にならないものはない。また、貧乏であると用心して費用を節約するし、病気になると用心して体を大切にする。このように、どんな心配ごとも喜びの種にならないものはない。そこで、道を悟った人は、(天を楽しみ命に安んじて)、順境も逆境も同じであると見なし、喜びも悲しみも共に忘れ去るのである。

94　酒は微酔に飲む

労働組合の生みの親であるイギリスでは、組合活動はパブに始まったという。仕事で疲れた心身を癒し、職場同僚と語る場はパブであった。とかく組合役員となると、不思議とお酒との付き合いが始まる。会合にはお酒がテーブルに用意され、乾杯でスタートする。議論が大いに盛り上がるとお酒の力も加わって論議が白熱する。時にエスカレートすることも。一次会で済めば、これは幸せというもの。だが宴がたけなわとなれば、連れ立ってもう一軒行こうかとなる。さらにこれが午前さまとなると記憶が薄れはじめ、夜が明けるころになるとすっかり酩酊だ。酒はほどよく飲めば百薬でもあり、なかなかしらふでは語れぬことが、酒が入ると本音で語れるということもあって、酒は巧妙ではある。しかし度が過ぎれば、これは害そのもの。頭が割れるような二日酔いとなってはもう地獄というほかない。

故事曰く、「花は半開を看《み》、酒は微酔《びすい》に飲む、此の中に大いに佳趣あり。若《も》し爛漫酕醄《らんまんもうとう》に至らば、便《すなわ》ち悪境を成す。盈満《えいまん》を履《ふ》む者は、宜《よろ》しくこれを思うべし」〈後集123〉

【訳文】花は半開の五分咲きを見、酒は微酔のほろ酔い加減に飲む、此の中に何とも言えぬよい趣があるのである。もし花は必ず満開を見、酒は必ず泥酔に至るまで飲むというのでは、かえって醜悪な境界になる。満ち足りた境遇にいる者は、この点をよくよく考えねばならない。

95　世の落とし穴にはまってはいけない

組合役員は、利害関係にある人とも面識ができるし付き合いも広がるから、その立場上、誘惑や勧誘も多くなる。だから脇が甘いと攻め込まれたり、ついつい相手の計略にはまることになる。相手はわずかな隙があれば突こうとするし、必要ならば裏の手を使うなど手段を選ばない。したがって、よほど注意しておかなければ相手の罠にはまったり、落とし穴に捕まることになる。このような落とし穴に捕まれば、組合指導者としてその役職を追われ失脚することになるし、人生そのものを破滅に追い込むことになるから、くれぐれも細心の注意が必要である。

組合役員なる者は、身分不相応な幸運や正当な理由のない授かり物などの甘い誘惑に負けてはならない。甘い汁や甘い餌は落とし穴であり、限りなく目線を高くして、これらの計略にはまらないよう十二分に防備しておかなければならない。

故事曰く、「分《ぶん》にあらざるの福《さいわい》、故《ゆえ》なきの獲《えもの》は、造物の釣餌《ちょうじ》にあらざれば、即ち人世の機《き》阱《せい》なり。此の処《ところ》、眼《まなこ》を着くること高からざれば、彼の術中に堕《お》ちざること鮮《すく》なし」〈後集127〉

【訳文】身分不相応な幸運や正当な理由のない授かりものなどというものは、天が人を釣り上げる甘い餌であるか、さもなければ人の世の落とし穴である。このような場合に、目の付けどころを高くして迷わされないようにしないと、その計略に陥らないことは少なくないのである。

96 他人の干渉を受けない

組合役員は、組織の指導者であるから、しっかりとした信念の上で、軸といったものをしっかりと持って運動に邁進しなければならない。主義・主張もあいまいなままでは、糸が切れた凧と同じで方向は定まらないし、どこに飛んでいくか分からないということになる。軸がないと、他人の干渉を受けやすくなるから要注意である。組合組織に介入して混乱させてやろうという反乱分子や対抗勢力は、そのチャンスを虎視眈々とねらっている。だからいつも気は抜けないし、日ごろから用心して他人の干渉は断固排除しなければならない。

組合役員なる者は、自らの組織に対する他人の介入を、いかなる理由があれ決して許してはならない。そのためには主義・主張という軸をしっかり持って、他人の干渉には勇気を持って立ち向かっていくことである。右顧左眄《うこさべん》したり日和見することだけは許されないことを肝に銘じてほしい。

故事曰く、「人生は原是《もと》れ一傀儡《かいらい》なり。只《た》だ根蒂《こんてい》の手に在るを要し、一線乱れず、巻舒《けんじょ》自由にして、行止《こうし》我に在り、一毫《ごう》も他人の提掇《ていてつ》を受けざれば、便ち此の場中を超出せん」〈後集128〉

【訳文】人間は元来、一個のあやつり人形のようなものである。ただ、そのつけ根のところだけを、しっかりと手で握っていることが大切である。あやつる糸すじを一本も乱れないようにし、糸を巻いたり伸ばしたりも自由自在で、人形が行くも止まるも、すべて自分の思い通りにして、少しも他人の操縦を受けなければ、それでもう、芝居の舞台を超えた立場に立つことができる。

97 物事を客観的に見る

組合役員となると、いつのまにか出口の見えないトラブルに陥っていたり、難題にぶつかっていて解が見い出せず、大いに悩まされるといったことが往々にしてある。また、いろいろな紛争や混乱やトラブルに巻き込まれ、解決を迫られるといったこともある。このようなとき、意外に混乱の真っ只中にいると、起こっている事象やその内容が見えないことが多く、何が問題なのかが分からないことが多い。むしろ関係のない他人の方が事態をよく把握していたり、周囲の者の方がよく見えている場合が多い。また当事者にとっては何の問題もなく平常通りであるが、実はそこに大問題をはらんでいることもある。課題がいっぱい内在していても、不感症になっていて、当人は平気なのに周囲の者がはらはらさせられるといったケースもある。

組合役員なる者は、トラブルや混乱の中にいるとますます事態を掌握できず、傷口を広げてしまったり、どっぷり浸かってしまって馴れ切ってしまい、課題や問題に気付かず取り返しのつかない泥沼に陥ってしまうことがある。したがって、いったん自分の身といったものを外側から眺めてみて、物事を客観的に見ることが必要である。

故事曰く、「波浪の天を兼ぬるや、舟中、懼《おそ》るるを知らずして、舟外の者、心を寒くす。猖狂《しょうきょう》の座を罵《のの》るや、席上、警《いまし》むるを知らずして、席外の者、舌を咋《か》む。故に君子は、身を事中に在りと雖も、心は事外に超えんことを要するなり」〈後集131〉

【訳文】 逆まく大波が天まで届くほどのとき、舟の中の人は案外平気であるが、舟の外の人が見て反ってきもを冷やしている。また、酔っぱらってどなり散らしていると き、同席にいる人は案外気にかけないが、席外の者が見て反ってにがにがしく思って いる。そこで君子たる者は、わが身は事の渦中に置くとしても、その心はその事を超越する立場に置く必要がある。

98 心の動揺を静めよう

組合役員であると、多くの試練が待ち構えている。また、指導者になればなるほど、その試練は厳しいものとなる。試練における厳しさといったものは、暑い、寒いと四季が巡るように甘受すべきものだが、人間社会における人間関係は複雑で、信頼関係が構築できれば、それはまた強みとなるのであるが、ひとつ亀裂が入ると修復することが困難となる。しかし、人間関係のトラブルはまだ回避することが可能ではあるが、さらに厳しくつらい試練は、わが心の中に起こるさまざまな動揺である。心の動揺は激しくなれば激しくなるほど、その処理に困ることになり、心底厳しくつらいものである。

組合役員なる者は、事がうまくはかどらなかったり、会社との協議が難航したり、組合員の批判にさらされるといった試練によく出くわすが、何にもまして用心すべきは、わが心の動揺である。この動揺さえコントロールできれば、どんなに大きな試練でも、また困難な状況であっても、何も恐れることはない。

故事曰く、「天運の寒暑は避け易《やす》きも、人世の炎涼《えんりょう》は除き難し。人世の炎涼は除き易きも、吾心の氷炭は去り難し。此の中の氷炭を去り得ば、則ち満腔《まんこう》皆和気にして、自《おのず》から地に随って春風あり」〈後集133〉

【訳文】四季の運行に起こる寒さ暑さは、（ずいぶんきびしいが）、なんとか避けられても、人の世に起こる人情の熱さ冷たさは、なかなか避けがたい。この人情の熱さ冷たさは、（ずいぶんきびしいが）、なんとか避けられても、わが心の激しい動揺は、なかなか除き去りがたい。もし此の心の激しい動揺を除き去ることができれば、胸中はすっかり穏やかになり、自然と、至る所どこでも春風がそよぐ心境になれる。

99　日頃の備えを怠ってはいけない

組合役員となれば、日々心掛けなければならないことは、日ごろの備えということである。注意を怠りなく心しておけば、何事があっても慌てることはないし、突然の客にも礼を失することもない。普段何も気に止めず、時間をやり過ごしていると、突然、突発の事態にうろたえることになる。

特にストライキの準備などは平時であるからこそ大事である。労使関係が良好で安定しているからといって、ストライキの準備をしなくていいということではない。むしろ労使関係が平和であるがゆえに、しっかりと不測の事態に備えるということが肝要となる。備えあれば憂いなし、は何も自然災害に限ったことではないのだ。

組合役員なる者は、常にいかなる事態に巻き込まれても、毎日心して備える心掛けを行っていれば、何もおびえることはない。

故事曰く、「茶は精を求めずして壺《こ》もまた燥《かわ》かず、酒は洌《れつ》を求めずして樽《そん》もまた空《むな》しからず。素琴《そきん》は絃《げん》なくして常に調い、短笛は腔《こう》なくして自《おのず》から適す。縦《たと》い義皇《ぎこう》を超越し難きも、また嵆阮《けいげん》に匹儔《ひっちゅう》すべし」〈後集134〉

【訳文】茶は必ずしも極上の品を求めなくともよいが、しかし茶つぼには常に茶の葉が絶えないようにし、酒は必ずしも極上の品を求めなくともよいが、しかし酒だるには常に酒が絶えないようにしておく。また飾りのない琴は無絃であるが、いつでも弾くことができ、短い笛は音律がないが、いつでも自分で楽しむことができるようにしておく。このように心掛けていれば、たとい太古の伏義氏には及ばなくとも、かの竹林の七賢、嵆康や阮籍の仲間には入れるであろう。

100　流れに逆らわず立場により身を処す

組合役員となると、会社生活だけでは知り得ない広い世界を見ることになる。また、組合役員として活動を始めると、会社生活だけでは得られないいくつもの体験をすることになる。組合役員となって誰もが実感することではあるが、ずいぶんと広大で奥の深い世界があることに気付く。このような世界に、望んで就任したか、望まずにただ誘いに応じて足を踏み入れたかは問わず、身を置いてしまった限りにおいては、その流れに逆らってはならない。周囲の人の推薦や推挙には、それが世論なら、それも縁や運命であるとして素直に受け入れるべきであるし、現在の地位や処遇に不満があっても、それも因縁として欲をかくような行動を起こしてはならない。

組合役員なる者は、水が風によって波が起こるように、自然に身を処する態度が必要であり、今の地位や境遇といったものに欲念が起ころうとも、そういったものを排除して、素直に受け入れる姿勢が大切である。

故事曰く、「釈氏の随縁、吾《わ》が儒《じゅ》の素位、四字は是れ海を渡るの浮嚢《ふのう》なり。蓋《けだ》し世路茫々として、一念全きを求むれば、則ち万緒紛起《ばんしょふんき》す。寓《ぐう》に随いて安んぜば、則ち入るとして得ざるはなし」〈後集135〉

【訳文】仏教の「随縁」と、わが儒教の「素位」、この四字は、人生の航海で、(欠かすことのできない)浮き袋のようなものである。思うに、人生航路は広々として果てしもない海原であって、一つのことに完全を求める心が生ずると、それに従ってあらゆる欲念が乱れ起こるものである。そこで、いま仮に置かれている境遇に従って安心しておれば、将来どんな境遇に置かれても安心立命が得られないということはない。

101 自然に親しみ、心豊かに過ごそう

組合役員として日々職務を遂行していれば、重い役職に押しつぶされそうになったり、あまりの激務にストレスも襲ってくるというもの。ときに組合業務を離れてリフレッシュすることも大切である。気分転換をはかり、明日への鋭気を養うことができれば、気概をもってまた活動にいそしむことができる。

菜根譚は処世哲学書であるが、山林閑居の楽しみも多く登場する。

「松の茂った谷間の川のあたりを、杖を引いて独り散歩すると、立ち止っ

たところでは、白雲が破れごろもにまつわり湧く。また、竹の茂った窓のもとで、書物を枕にして安らかに眠ると、目覚めたときには、明月の光が破れだたみに差し込んでいる。（時にはかかる清閑の境にあって、身心を養い俗塵を一洗すべしというのであろう）」〈後集23〉などに接すると、山里離れた秘湯にでも浸かって至福の時を得たくなる。

「山深く林静かな所や泉わき石そばだつ所などを逍遥すると、俗塵に汚れた心も、だんだんに洗い流される。また、詩書や絵画をゆっくりと楽しんでいると、身にしみついた俗気も、いつしか消え去る。そこで、君子たるものは、道楽にふけって本心を見失うことを戒めねばならぬが、しかしまた、常々、（俗塵に汚され、俗化しないように）、外境を借りて本心を調えることを心がけるがよい」〈後集45〉は拳拳服膺《けんけんふくよう》すべき尊い教えである。

「高い山に登ると、（眺望もひらけて）、心をひろびろとさせるし、清らかな流れに臨むと、（心も洗われて）、世俗を遠く離れる思いを起こさせる。また、書物を雨や雪の降る夜に読むと、（あたりの静けさで）、気持ちをすがすがしくしてくれるし、ゆっくり小高い丘の上で口ずさむと、(気分も晴れてきて)、感興を高くはずませてくれる」〈後集114〉などは心が洗われる。

労働組合役員も、ときに心豊かな時間を楽しんでほしい。自然に親しんだり、書物に触れたり、スポーツに汗したり、文化を鑑賞して、ゆとりといったものを実感してほしい。きっと優れた組合役員として歩んでいくための感性を磨き、指導者にとって必要な素養といったものを身に付けることができるはずだ。

ゆとりというものを勘違いして、無為とか怠惰な時間だけは過ごしてほしくはない。人生に限りがあるように、時間はとても大切である。有為に過ごして、個性といったものを涵養し、組合員から信頼され、会社経営者からも尊敬されるような労働組合役員に成長していってほしい。

労働組合役員の対象は、人との営みであり人間社会である。だからこそ逆に、自然との対話や触れ合い、自然に接することによる恵みといったものを忘れないように心掛けたいものである。

あとがきにかえて

素晴らしい指導者や優秀な組合役員は、立派な人間からしか生まれない。五十年間を生きてきて、そして、その三十年間を労働組合という組織に育てられて、そこから得られた私の教訓といったものである。自己反省といった方がいいかも知れない。もう一度、人生を与えられるなら、間違いなく人間学といったものを学びたいと思う。

人間ができていないから、本書も重厚なものに仕上げたいという思いに反して、薄っぺらなものとなってしまった。悔いが残るが、力がないからあきらめるしかない。

下書きを終えた段階で、労働組合とは立場が異なるが尊敬する三菱電機株式会社元取締役人事部長の坂井雷太様にご意見を仰いだ。本当は直言していただきたかったのだが、あまりに拙い文章で内容も評価するに値しなかったようで、具体的なご指導はいただけなかったのだが、代わりに一通のお手紙をいただいた。

「菜根譚」は小生の会社生活にとっても、誠に忘れ難い思い出の書物です。

小生が三菱電機に入社したのは、昭和二十七年（一九五二年）ですが、四月一日の入社式前の夕方、たどり着いたのが、見習寮として建築されたばかりの伊電（注：当時の伊丹製作所）の「素心寮」でした。

その夜、寮長、副寮長に最初に教えていただいたのが、「素心寮」の名称の因って来たるところで、そのとき「菜根譚」なる書物のあることを、初めて知りました。

見習寮の命名者は、当時の社長の高杉晋一さん。

「友ト交ハルニハ　スベカラク三分ノ侠気ヲ　帯ブベシ。人ト作（ナ）ルニハ一点ノ素心ヲ存スルヲ要ス」（「菜根譚」前集15）

小生が、三菱電機に入社して、文字通り一番最初に教わったのが、この「菜根譚」のなかの一文でした。いま偶然ながら貴兄の「菜根譚の教

えに学ぶ　労働組合役員の心得集」を手に取って、あらためて、強い感慨と五十年ぶりの新鮮な感激を覚えました。

坂井雷太様からのありがたいお手紙をいただいて、前集15の一文を読み返してみた。この前集15は「人間として成長していくには、（世俗に流されるのではなく）純粋な一点の心＝素心を残しておかなければならない」といった意味の、短いがとても味わいのある教えであることを知った。その意味をしっかりと理解して自分自身のものにしておけば、本書の本文に取り上げていたはずである。

斯く斯くしかじか、きっと同様に、菜根譚の大切な教えを理解できずに読み飛ばしてしまっているところがたくさんあるようだ。このように欠陥だらけでもあるようなので、すべてにおいて、お気づきのところがあれば遠慮なくご指摘いただきたい。そのことによって、私自身がまた学ぶことができれば、新たな発見にも遭遇できるというものである。

このテキストが今後の労働組合運動を担ってくれる次の世代の組合役員に少しでもお役に立てば本望である。

本書出版に際しては、財団法人富士社会教育センターの黒沢博道副理事長、大松明則常務理事に懇切丁寧かつ親身にご指導・ご教示をいただいた。心より厚く御礼申し上げる。また同東京事務所事務局長の萩原広行氏にすっかり編集の手を煩わせてしまった。末尾ながら謝辞申し上げたい。

二〇〇四年八月

追って、このような拙い書が版を重ね、ここに増刷に至ったのは、望外の喜びである。発行所である公益財団法人富士社会教育センターをはじめ、ご理解とご支援をいただいた皆々様に厚く御礼を申し上げたい。

二〇二二年一月

石原康則

著者略歴

石原康則（いしはらやすのり）

1951 年 5 月 19 日、兵庫県三木市生まれ。
1970 年兵庫県立小野工業高等学校卒業後、三菱電機鎌倉製作所に入社。
1972 年より 2010 年まで労組専従。この間、三菱電機労働組合鎌倉支部執行委員長、三菱電機労働組合中央執行委員長、三菱電機労連会長などを歴任。
その後、横浜地裁労働審判委員、社会福祉法人電機神奈川福祉センター理事長（現理事）、公益財団法人富士社会教育センター理事（現評議員）をつとめる。
2013 年神奈川大学法学研究科法律学専攻博士前期課程修了。
現在、日本労使関係協会会員、友愛労働歴史館調査研究委員。

「菜根譚」の教えに学ぶ
労働組合役員の心得集
令和四年二月一日　第二版発行
著　者　石原　康則
発行人　逢見　直人
発行所　公益財団法人富士社会教育センター
〒一〇一―〇〇二四
東京都千代田区神田和泉町一―一二―一五　O・Sビル三階
電話〇三（五八三五）三三三五　FAX〇三（五八三五）三三三六
印刷所　第一資料印刷株式会社

ISBN978-4-938296-17-9